O ESTÁGIO SUPERVISIONADO

EDITORA AFILIADA

Dados Internacionais de Catalogação na Publicação (CIP)
(Câmara Brasileira do Livro, SP, Brasil)

Buriolla, Marta Alice Feiten
   O estágio supervisionado / Marta Alice Feiten Buriolla
— 7. ed. — São Paulo : Cortez, 2011.

Bibliografia.
ISBN 978-85-249-1400-3

1. Estagiários – Educação – Brasil 2. Professores – Formação profissional 3. Serviço Social I. Título.

08-03517   CDD-370.733

Índices para catálogo sistemático:

1. Estágio supervisionado : Educação   370.733

Marta A. Feiten Buriolla

O ESTÁGIO SUPERVISIONADO

7ª edição

4ª reimpressão

O ESTÁGIO SUPERVISIONADO
Marta Alice Feiten Buriolla

Capa: Carlos Clémen
Revisão: Agnaldo Alves
Composição: Linea Editora Ltda.
Coordenação editorial: Danilo A. Q. Morales

Texto revisto e ampliado a partir da 5ª edição em junho de 2008.

Nenhuma parte desta obra pode ser reproduzida ou duplicada sem a autorização expressa da autora e do editor.

© 1989 by Autora

Direitos para esta edição
CORTEZ EDITORA
Rua Monte Alegre, 1074 — Perdizes
05014-001 — São Paulo-SP
Tel.: (11) 3864-0111   Fax: (11) 3864-4290
e-mail: cortez@cortezeditora.com.br
www.cortezeditora.com.br

Impresso no Brasil — julho de 2018

Meus agradecimentos

Às colegas professoras Ana Maria Estevão, Laisa Regina Di Maio Campos Toledo e Maristela Gasbarro Marques, pela amizade e colaboração inestimáveis.

Às supervisoras Aparecida Bernardes, Regina Machado Rodrigues Marques e Sílvia Chuairi, pela disponibilidade e carinho em fornecer-me seus depoimentos.

Às alunas estagiárias Iraceles Fátima de Morais, Maria Luiza Pereira Ventura e Priscila Gonçalves, pelo interesse e acolhida infinda em querer instigar e falar sobre o presente tema.

Às amigas e aos amigos de meu cotidiano, que de alguma forma foram cúmplices comigo neste trabalho.

Ao José, companheiro em todos os momentos de minha vida, pela força, energia, estímulo e compreensão.

A libertação autêntica, que é a humanização em processo, não é uma coisa que se deposita nos homens. Não é uma palavra a mais, oca, mitificante. É praxis, que implica na ação e na reflexão dos homens sobre o mundo para transformá-lo.

Paulo Freire

À memória de minha grande amiga e irmã do coração — Cristina, manifestação viva de *supervisora competente*.

Sumário

Apresentação 9

PRIMEIRA PARTE ■ O Espaço do Estágio 13

1. Considerações sobre o estágio 13

2. Visão de estágio das docentes, supervisoras e
   estagiárias 19
   2.1 Representação de estágio das professoras 19
   2.2 Concepção de estágio das supervisoras 25
   2.3 Visão de estágio das alunas 28

3. As Instituições: Unidade de Ensino e Unidade
   Campo de Estágio X a relação teoria e prática 39
   3.1 Visão das professoras sobre as unidades
       organizacionais relacionadas ao estágio
       supervisionado X teoria-prática 41
   3.2 Concepção das supervisoras sobre as
       unidades organizacionais relacionadas ao
       estágio supervisionado X teoria-prática 56
   3.3 Visão das estagiárias sobre as unidades
       organizacionais relacionadas ao estágio
       supervisionado X teoria-prática 69

4. Considerações finais 83

SEGUNDA PARTE ■ A Matéria-Prima da Supervisão
de Estágio em Serviço Social 87

1. Identificação 87

2. A concepção de profissão e de prática profissional 89

3. O conteúdo da Supervisão presente nos
   depoimentos das professoras 100

4. O conteúdo da Supervisão de Estágio presente nos
   depoimentos das supervisoras e das estagiárias 126
   4.1 Das supervisoras 126
   4.2 Das alunas estagiárias 149

5. Algumas considerações finais 169

Bibliografia 174

Apresentação

A reflexão sobre o que desvela a realidade do Estágio Supervisionado é o objetivo do presente estudo. Ele compõe-se de dois capítulos da minha tese de doutoramento em Serviço Social, cuja temática é *A Supervisão em Serviço Social na Formação Profissional do Assistente Social*, apresentada e defendida na Pontifícia Universidade Católica de São Paulo.[1]

Esta obra focaliza alguns aspectos do processo atual da Supervisão em Serviço Social na formação do assistente social, sendo abordados em dois momentos: na primeira parte apresento a configuração do estágio, destacando concepções, leis de estágio, a visão de estágio na atualidade, a relação Unidade de Ensino e Unidade Campo de Estágio, ao nível da representação de docentes, de supervisores e de alunos de Serviço Social.

Na segunda parte, destaco a matéria-prima, objeto da Supervisão em Serviço Social, e alguns assuntos significativos a ela relacionados, como a questão da prática profissional, a relação teoria-prá-

---

1. Os conteúdos aqui considerados estão contemplados nos capítulos originais da tese: Capítulo IV — A Matéria-Prima da Supervisão em Serviço Social; Capítulo V — O Espaço do Estágio e parte do Capítulo VII — Um Resgate Conclusivo sobre a Supervisão em Serviço Social na Formação do Assistente Social e a Indicação de Algumas Possibilidades. Os demais substratos da tese (Capítulos I, II, III e parte do VII) estão publicados no livro de minha autoria: *Supervisão em Serviço Social — o supervisor, sua relação e seus papéis*, pela Cortez Editora, em 1994. Os capítulos aqui contidos foram revistos e sofreram pequenas modificações e acréscimos.

tica, as estratégias e o planejamento da ação supervisora e as visões sobre o conteúdo da Supervisão dos três segmentos entrevistados.

A análise teórico-prática foi desenvolvida a partir de conteúdos teóricos, discursivos e de depoimentos referentes à Supervisão em Serviço Social, tanto em sua natureza e estrutura, quanto em suas determinações sócio-históricas e no cotidiano profissional. Neste sentido, o material foi obtido a partir de três formas de manifestações de agentes envolvidos:

a. do discurso teórico significativo das professoras;
b. dos depoimentos da prática das profissionais supervisoras;
c. das representações sobre o assunto das alunas estagiárias.

Neste sentido, entrevistei três professoras, três supervisoras e três alunas da Faculdade de Serviço Social da PUC/SP, sendo elas, respectivamente: Ana Maria Estevão, Laisa Regina Di Maio Campos Toledo e Maristela Gasbarro Marques; Aparecida Bernardes, Regina Machado Rodrigues Marques e Sílvia Chuairi; Iraceles Fátima de Morais, Maria Luiza Pereira Ventura e Priscila Gonçalves.

Tive ainda como referências deste estudo dados empíricos dessa realidade, minha vivência em supervisionar alunos e profissionais e, especialmente, em ministrar disciplinas práticas em Cursos de Serviço Social, onde os alunos colocam o cotidiano dos seus estágios. Esta vivência fez-me constatar ser a Supervisão de Estágio em Serviço Social uma temática pobre de produção, contraditória, não definida, complexa, declinante, descantada e, por que não dizer, colocada de escanteio pela categoria profissional (embora figure no currículo mínimo do Curso).

Algumas questões sobre o assunto afloram-se: Existe uma política de estágio? Há critérios para se efetivar o estágio e a supervisão? Onde o aluno faz estágio? No que consiste este estágio? Que formas existem de se fazer estágio? O que o aluno faz no "dia-a-dia" do estágio? Qual o papel do estágio na formação profissional do assistente social? Existe acompanhamento do estágio do aluno pelo supervisor? Como é este acompanhamento? Existe um equilíbrio entre o conteúdo programático do curso e a prática, que garanta esta relação teoria-prática? Qual o papel do Curso de Serviço Social na formação prática do aluno? Quem é o responsável pela formação prática? O que se discute na supervisão? Como se efetiva a supervisão? Que estratégias são utilizadas para o planejamento e a execução do estágio e da supervisão? Como se configura a relação Unidade de Ensino e Campo de Estágio? Quais os limites e as possibilidades da Supervisão de Estágio?

São algumas indagações que permeiam as minhas inquietações sobre o tema e que se desvelam nos depoimentos das entrevistadas. Por isso, o presente estudo é significativamente desafiador e é necessário ser repensado e instigado. Nesta medida, impulsionou-me este movimento de busca da legitimidade do Estágio Supervisionado nas Unidades de Ensino e nas Unidades de Campos de Estágio, do reencaminhamento do *devido* lugar deste mesmo Estágio — *no seu devenir* — no projeto curricular do Curso de Serviço Social.

Parto do pressuposto de que o Estágio Supervisionado é parte integrante e essencial na formação do assistente social. É o *locus* apropriado onde o aluno estagiário treina o seu papel profissional, devendo caracterizar-se, portanto, numa dimensão de ensino-aprendizagem operacional, dinâmica, criativa, que proporcione oportunidades educativas que levem à reflexão dos modos de ação profissional e de sua intencionalidade, tornando o estagiário consciente de sua ação. Esta visão supõe transcender o corriqueiro *real tradicional, o cotidiano do estágio, da supervisão,* extrapolando o nível do *fazer fazer* e enfatizando uma atitude de busca de conhecimentos teóricos e metodológicos que não se esgotam no curso, podendo interferir direta e efetivamente no exercício da profissão.

Parece-me que estas constatações são justificativas suficientes e plausíveis para o presente estudo.

PRIMEIRA PARTE

O Espaço do Estágio

1. Considerações sobre o estágio

O estágio é concebido como um campo de treinamento, um espaço de aprendizagem do fazer concreto do Serviço Social, onde um leque de situações, de atividades de aprendizagem profissional se manifestam para o estagiário, tendo em vista a sua formação. O estágio é o *locus* onde a identidade profissional do aluno é gerada, construída e referida; volta-se para o desenvolvimento de uma ação vivenciada, reflexiva e crítica e, por isso, deve ser planejado gradativa e sistematicamente.

O estágio em Serviço Social, no Brasil, existe desde a fundação das primeiras Escolas de Serviço Social, na década de trinta, sendo parte integrante e obrigatória do Curso de Serviço Social. Nesta medida, desempenha um papel decisivo na formação do aluno, possibilitando-lhe a inserção na prática profissional.

A partir da regulamentação da profissão, passa a existir legislação específica a respeito do estágio, com o fito de garantir as exigências mínimas para a sua execução, no sentido de manter sua qualidade, a da Supervisão e, conseqüentemente, a da prática de estágio.

A Lei n° 1.889, de 13 de junho de 1953, que legisla sobre o ensino de Serviço Social, no seu artigo 4°, item III, diz que *"as aulas de*

Serviço Social deverão atingir um quarto no mínimo do total das aulas e as Escolas de Serviço Social deverão organizar os seus programas atendendo a que no primeiro ano haja preponderância da parte teórica; no segundo ano seja observado o equilíbrio entre a parte teórica e prática e no terceiro ano haja preponderância da parte prática.[1]

Mais tarde, o Decreto n° 35.311, de 02 de abril de 1954, que regulamentou a Lei acima, em vários momentos se reporta ao estágio. Desta forma, determina no artigo 4° que "*o Curso ordinário de Serviço Social, cuja duração mínima é de três anos compreende, além do ensino teórico e prático, estágios supervisionados e realização de trabalho final de exclusiva autoria do aluno*".

No seu artigo 8° afirma que a prática no Curso de Serviço Social compreenderá:

"a) *conhecimento dos recursos da comunidade, através de visitas, pesquisas e outros meios adequados;*

b) *estágios supervisionados, cuja programação depende de aprovação do Conselho Técnico-Administrativo.*"

A Lei n° 3.252/57, de 27 de agosto de 1957, que regulamenta a profissão, no seu artigo 5° diz que, entre outras atribuições do assistente social, há as de "*supervisionar profissionais e alunos em trabalhos teóricos e práticos de Serviço Social*".

A Resolução do Conselho Federal da Educação, de 13 de março de 1970, de número 242/70, regulamenta o currículo mínimo do Curso de Serviço Social e dispõe em seu artigo 7° que "*à teoria do Serviço Social cabe dupla função: a de proporcionar, com os elementos recolhidos das diversas ciências sociais do ciclo básico, uma visão integrada com vistas à ação social, e a de ligar a ordem teórica à ordem prática*"; e ainda no artigo 9° diz que "*os estágios práticos, base do curso na sua base profissional, acompanharão toda duração desta em orgânica articulação com os estudos teóricos*".

O Parecer n° 412/82, do Conselho Federal da Educação, de 15 de agosto de 1982, aprova o Novo Currículo Mínimo do Curso de Serviço Social e a Resolução n° 06, de 23 de setembro de 1982, homologa este parecer, dispondo sobre o novo Currículo em vigor, cuja implantação se iniciou, no Brasil, em 1984. Na maioria dos cur-

---

1. Neste período, a duração do Curso de Serviço Social era de três anos.

sos de Serviço Social, até então, vigorou a Resolução de 1970. O artigo 1°, parágrafo 2° desta Resolução preconiza que *"haverá um estágio supervisionado obrigatório com a duração de, no mínimo 10% de duração do curso, tempo esse que não se computará na carga horária mínima do curso"*; o artigo 2° diz que *"a duração mínima do curso será de 2.700 horas"*. Portanto, o mínimo obrigatório de carga horária de estágio é de 270 horas.

Recentemente, a preocupação com o estágio e os desvios em relação ao mesmo, fez com que o Conselho Federal de Serviço Social, com a Resolução n° 273/93, de 13 de março de 1993, que aprova o novo Código de Ética Profissional do Assistente Social, inserisse conteúdo sobre estágio. Assim, no Título II — Dos Direitos e das Responsabilidades Gerais do Assistente Social afirma a respeito em seu artigo 4°: *"É vedado ao Assistente Social (...) d) compactuar com o exercício ilegal da profissão, inclusive nos casos de estagiários que exerçam atribuições específicas, em substituição aos profissionais; e) permitir ou exercer a supervisão de aluno de Serviço Social em Instituições Públicas ou Privadas que não tenham em seu quadro assistente social que realize acompanhamento direto ao aluno estagiário"*.

Ademais, em 07 de junho de 1993, o Presidente Itamar Franco sancionou a Lei n° 8.662/93, regulamentadora do exercício da profissão de assistente social. Esta Lei contempla sobre estágio, no seu artigo 5° — *"Constituem atribuições privativas do Assistente Social: (...) VI — treinamento, avaliação e supervisão direta de estagiários de Serviço Social"*; e o artigo 14° diz: *"Cabe às Unidades de Ensino credenciar e comunicar aos Conselhos Regionais de sua jurisdição os campos de estágio de seus alunos e designar os Assistentes Sociais responsáveis por sua supervisão"*. O parágrafo único desse artigo afirma: *"Somente os estudantes de Serviço Social, sob supervisão direta de Assistente Social em pleno gozo de seus direitos profissionais, poderão realizar estágios de Serviço Social"*.

Além das normas legais específicas do Serviço Social, há a Legislação Federal, normatizando os estágios de forma geral. Neste sentido, a Lei em vigor é a n° 6.494/77, de 07 de dezembro de 1977, que legisla sobre os estágios de estudantes de ensino superior e profissionalizante de segundo grau e supletivo. Esta Lei é regulamentada pelo Decreto n° 87.497/82, de 18 de agosto de 1982.

Em relação ao estágio, a Lei em pauta diz no seu Artigo 1°, parágrafo 1°: *"O Estágio somente poderá verificar-se em unidades que tenham condições de proporcionar experiência prática na linha de formação, devendo, o estudante, para esse fim, estar em condições de estagiar, segundo disposto na regulamentação da presente lei."* E no seu parágrafo 2°: *"Os estágios devem propiciar a complementação do ensino e da aprendizagem a serem planejados, executados, acompanhados e avaliados em conformidade com os currículos, programas e calendários escolares, a fim de se constituírem em instrumentos de integração, em termos de treinamento prático, de aperfeiçoamento técnico-cultural, científico e de relacionamento humano".* O Decreto 87.497/82 ainda esclarece, em seu artigo 2°, considerando o estágio curricular: *"Considera-se estágio curricular, para efeitos deste Decreto, as atividades de aprendizagem social, profissional, cultural, proporcionados ao estudante pela participação em situações reais de vida e trabalho em seu meio, sendo realizada na comunidade em geral ou junto a pessoas jurídicas de direito público ou privado, sob responsabilidade e coordenação da instituição de ensino".* E no seu artigo 3°: *"O estágio curricular, como procedimento didático-pedagógico, é atividade de competência da Instituição de Ensino a quem cabe a decisão sobre a matéria e dele participam pessoas jurídicas de direito público e privado, oferecendo oportunidade a campos de estágio, outras formas de ajuda e colaborando no processo educativo".*

Além disso, a Lei normatiza que o *"estágio não cria vínculo empregatício de qualquer natureza"* (artigo 4°), que as Instituições de Ensino deverão regulamentar sobre a programação, orientação e supervisão, avaliação do estágio, sua carga horária, duração e jornada de estágio curricular, as condições, caracterização e definição dos campos de estágio (artigo 4° do Decreto). Legisla ainda sobre a existência de convênio entre a Instituição de Ensino e a de Campo de Estágio, bem como a providência de um seguro de acidentes pessoais em favor do estagiário, sob a responsabilidade da Unidade de Ensino (artigos 5° e 8° do Decreto).[2]

---

2. A lei ainda em vigor teve algumas atualizações pela Lei n° 8.859, de 23 de março de 1994, e pela Medida Provisória n° 1.952-24, de 26 de maio de 2000, *DOU* 28 de maio de 2000 — Ed. Extra. E sua Regulamentação deu-se por atualizações pelo Decreto n° 2.080, de 26 de novembro de 1996. Ainda há a Medida Provisória n° 2.164-41, de 24 de agosto de 2001. Contudo, estas modificações não incidem tanto no curso

Percebe-se que esta legislação existente sobre o estágio, tanto geral quanto específica, confere, na sua execução, um caráter de "proteção" e de formação prática ao aluno. Ou seja, intenciona-se um estágio que permita ao aluno o preparo efetivo para o agir profissional: a possibilidade de um campo de experiência, a vivência de uma situação social concreta supervisionada por um profissional assistente social competente, que lhe permitirá uma revisão constante desta vivência e o questionamento de seus conhecimentos, habilidades, visões de mundo etc., podendo levá-lo a uma inserção crítica e criativa na área profissional e num contexto sócio-histórico mais amplo.

Desta forma, o estágio prático é essencial à formação do aluno de Serviço Social, enquanto lhe propicia um momento específico de sua aprendizagem, uma reflexão sobre a ação profissional, uma visão crítica da dinâmica das relações existentes no campo institucional, apoiados na Supervisão enquanto processo dinâmico e criativo, tendo em vista possibilitar a elaboração de novos conhecimentos.

Contudo, o estágio configurado como tal — como parte integrante do processo ensino-aprendizagem, com qualidade de aprendizagem e com situação efetiva de treinamento profissional —, apresenta-se, hoje, salvo algumas exceções, com muitas dificuldades de se operacionalizar sob esta concepção. Isto ocorre por várias razões.[3]

---

de Serviço Social, pois tratam mais da inserção de estágio também para estudantes do ensino médio regular (colegial). Existe o Projeto de Lei nº 993/07, já votado na Câmara e que aguarda aprovação no Senado, que estabelece novas regras para estágios. A proposta pretende revogar a Lei nº 6.494/77 e, em seu lugar, estabelece normas mais precisas para os estágios e reforça a responsabilidade educacional das escolas e das empresas envolvidas, diretriz prevista no Plano de Desenvolvimento da Educação (PDE). Assim, citando os conteúdos prioritários para o Serviço Social: 1) A carga horária será limitada a seis horas diárias/trinta horas semanais; 2) Estagiários terão direito a férias remuneradas — trinta dias — após doze meses de estágio na mesma Empresa; 3) O tempo máximo de estágio na mesma Empresa será de dois anos; 4) A remuneração e a cessão do vale-transporte serão compulsórias, exceto nos casos de estágio obrigatórios; 5) Profissionais Liberais com registros nos seus respectivos Órgãos de Classe poderão contratar Estagiários (CRESS 9ª Região/SP. Regulamentação de Estágio, s/d.).

3. Análise sobre esta realidade pode ser consultada em: SILVA, Ademir Alves da. "A questão dos estágios e o mercado de trabalho. *Serviço Social & Sociedade*, São Paulo, Cortez, ano VIII, nº 24, p. 124-138, agosto de 1987; BURIOLLA, Marta Alice

A Unidade de Ensino efetua convênio com a Instituição Campo de Estágio, com o objetivo de assegurar o estágio como tal, reconhecido pela lei em vigor; porém, muitas destas instituições não oferecem condições mínimas de estágio; em muitos estágios, a prática profissional (objeto da supervisão) é desvirtuada ou inexpressiva; há desinformação e desintegração entre Unidade de Ensino e Unidade Campo de Estágio; existem Unidades de Ensino que não assumem "realmente" o estágio com todas as suas implicações, tornando-se este um apêndice do Curso e sua operacionalização fica a cargo do aluno estagiário; na instituição, o profissional assistente social designado ou imposto para dar Supervisão ao aluno está, muitas vezes, despreparado profissionalmente para assumir tal função; supervisor e supervisionado sentem-se explorados e usados como mão-de-obra barata.

Quanto à questão da Supervisão é complexa e polêmica: há desde a sua concretização até a não-existência da mesma, na qual o assistente social apenas formalmente dá o nome de "supervisor" para constar nos documentos da Unidade de Ensino; quando existe, a maioria se restringe a sanar dúvidas e não a refletir junto com o aluno a prática experienciada e o processo que supervisor e supervisionado passam. Algumas falas de estagiários deixam clara esta posição:

"Estou fazendo estágio só para cumprir as horas, porque o que a minha supervisora faz não tem nada a ver com o Serviço Social — qualquer pessoa pode fazer! E o pior é que ela se sujeita a isto."

"Pelo menos uma coisa estou aprendendo no meu estágio — o que não é Serviço Social."

"A assistente social só fica fazendo o que é do Setor de Benefícios e o que é Serviço Social ela não faz."

Estes desabafos mostram que a realidade é, muitas vezes, caótica e é neste caos que o aluno faz o seu estágio.

Feiten e VICINI, Yara Spadini. *Levantamento da problemática referente ao estágio de alunos de serviço nas instituições —CRAS — 9ª Região*, São Paulo, Comissão de Supervisores de Estágio do CRAS — 9ª Região, 1981.

Os depoimentos, a seguir, das entrevistadas — professoras, supervisoras e alunas — darão sua visão de estágio e como ele se concretiza.

2. Visão de estágio das docentes, supervisoras e estagiárias

2.1. Representação de Estágio das Professoras

Os depoimentos das entrevistadas expressam sua concepção de estágio. Há momentos que falam a respeito com maior evidência. Observe-se a visão das professoras Estevão, Marques, e Toledo. Estevão assim se expressa:

> "Outro aspecto que escapa um pouco disto é, por exemplo, a idéia de se brigar por estágio que seja estágio — e aí não é uma coisa nem do estagiário, mas do profissional — o reconhecimento de que a Supervisão é uma coisa importante por parte dos profissionais. Se fosse reconhecido isto, devia estar havendo, ao mesmo tempo, toda uma luta da parte dos profissionais para que o estágio fosse uma coisa decente, para que o estágio fosse estágio, para que o aluno tivesse condições, para que o estágio fosse considerado trabalho para o estagiário e não apenas uma obrigação curricular em que as instituições, que oferecem estágio, acham-se o máximo, porque estão abrindo essa exceção, estão oferecendo oportunidade para o coitado do estagiário fazer o estágio, cumprir a carga horária dele, para receber o diploma. O estágio nunca é considerado trabalho, ou é um trabalho de qualidade inferior. Se a Supervisão fosse uma coisa importante para o conjunto da categoria, o conjunto da categoria devia estar brigando para que o estágio fosse uma coisa séria para o estagiário. Por exemplo, lá em Franca, a maioria dos alunos que fazem estágio ganha muito pouco e todos reclamam que são mão-de-obra barata, trabalham quase que de graça! Isto é um sintoma de que a Supervisão não é uma coisa importante para o conjunto da categoria! Porque, se fosse uma coisa importante, nós estaríamos brigando para que o estágio fosse uma coisa melhor e para que o profissional pudesse dar uma supervisão!" (...)
> "Veja, a visão da Supervisão — eu acho que a Supervisão é importante mas eles acham que não — na medida em que o estagiário acaba ficando com o que se considera ser as tarefas chatas — as visitas domiciliares... tudo o que o supervisor não quer fazer, e quando são coisas

importantes para a profissão. Não dá para se pensar em um profissional de Serviço Social competente, um bom profissional que ache que fazer visita domiciliar é uma coisa de segunda categoria, ou que fazer relatório é uma coisa de segunda categoria que você passa para o estagiário fazer, ou que a formação profissional é uma coisa de segunda categoria — então qualquer estágio serve, qualquer supervisão serve. Então, em termos de visão de Supervisão, devíamos estar pensando também isto, porque o estagiário não tem condições de brigar sozinho por um estágio melhor. Ninguém se preocupa com isto, o que me impressiona um pouco. O CRAS (Conselho Regional de Assistentes Sociais, hoje CRESS — Conselho Regional de Serviço Social) não se preocupa, o sindicato não se preocupa; é uma coisa bem corporativa — basta se preocupar no momento que você se formou e aí se é profissional. Agora, tudo aquilo que leva você a ser um profissional de qualidade não importa! Importa defender a profissão, mas não a qualidade da profissão! E aí entraria o estágio, a Supervisão como um momento de briga dos profissionais também!"

Estevão considera o estágio como um processo de aprendizagem profissional e como um trabalho — posições que devem ser analisadas. A sua fala é um tanto confusa, não precisando muito bem sua concepção. Usa as expressões "estágio que seja estágio", "que estágio fosse uma coisa decente (...) melhor (...)", "para que o estágio fosse considerado trabalho para o estagiário". Portanto, surgem as duas versões: estágio sendo estágio e estágio sendo trabalho. Na defesa que faz, fica um pouco mais clara a sua posição a respeito. Quando Estevão se refere ao estágio como estágio, parece querer reforçar ser o estágio algo assumido pela categoria profissional, algo incorporado à formação profissional e de responsabilidade do Curso de Serviço Social. Portanto, o estágio concebido como uma situação de aprendizagem, como treinamento profissional, que não se restringe apenas ao supervisor e ao supervisionado.

De fato, a Supervisão em Serviço Social é uma atividade inerente ao exercício profissional. Nesta medida, enquanto a categoria profissional e os Cursos de Serviço Social não a considerarem significativa e não a refletirem e a incorporarem no conjunto das preocupações do Serviço Social, a própria formação dos assistentes sociais estará falha e comprometida.

Quanto ao estágio considerado como trabalho, Estevão desvela um estágio-trabalho de qualidade inferior, não-sério, ou seja, considerado pelas instituições uma "obrigação curricular", com o cumprimento da carga horária imposta pelo currículo. Além disso, é um trabalho configurado como mão-de-obra barata, onde o aluno é explorado e quase não tem retorno. Este executa as "tarefas chatas", "as visitas domiciliares (...) tudo o que o supervisor não quer fazer (...)". É algo relegado a segundo plano tanto pela instituição e pelo supervisor, quanto pela categoria profissional. Pode-se até admitir um estágio como trabalho, na medida em que o aluno executa determinadas tarefas na instituição, determinadas atividades profissionais supervisionadas por um assistente social; mas muitas vezes não é isso o que acontece. Além de não ter supervisão satisfatória, são-lhe atribuídas tarefas não afetas ao Serviço Social, onde a sua situação é sobremaneira gritante.

Como exemplo dessa realidade conflitante e contraditória, seguem alguns desabafos, constantes em trabalhos acadêmicos sobre o estágio, realizados por alunos de terceiro ano do Curso de Serviço Social da PUC/SP, na disciplina Projeto de Investigação e Prática, por mim ministrada:

> "Muitas vezes os serviços que me são delegados enquanto estagiária são muito burocráticos, sendo que esses serviços não precisam ser realizados necessariamente por um estagiário de Serviço Social. Qualquer auxiliar poderá fazê-los, tais como: marcação de consultas médicas, recebimento e fornecimento de ticket-restaurante e vale-transporte etc., o que é tarefa minha no estágio."
>
> "No meu estágio faço praticamente de tudo: datilografia, *office-girl*, marcação de consultas dos funcionários de produção, atendimentos a funcionários, fornecimento de vale-transporte, encaminhamentos, empréstimos, controle da documentação recebida etc...".
>
> "Fui contratada como estagiária para ajudar no processo de ampliação de Benefícios e do Serviço Social, pois em toda a empresa existe apenas uma assistente social que não consegue dar conta da demanda e de todo o trabalho burocrático."
>
> "Outras atividades que desempenhei e que acredito não terem afinidade com a prática do Serviço Social foram: datilografar cardápio da creche; retirar os produtos da despensa para que esta fosse dedetizada; encher bexigas para as festas; fazer bandeirinhas para festa junina; cuidar das crianças, em sala, enquanto a pajem fazia o seu horário de café; alimentar os bebês e servir lanches para as crianças maiores."

"Enquanto o Serviço Social não for compreendido no seu aspecto real e na sua aplicação prática, ele será confundido e servirá como 'lata de lixo' dos outros serviços, dos outros departamentos, ou seja, todo e qualquer trabalho que os outros departamentos entendem como benefício terá sua finalização no Serviço Social, ou seja, o Serviço Social desenvolverá esse trabalho."

Os depoimentos acima falam por si só. Apenas me limito a dizer que a gênese da questão do estágio não está nele, mas no próprio Serviço Social.

Urge repensar o Estágio Supervisionado como parte integrante do conteúdo programático dos cursos de Serviço Social.

Toledo concebe o estágio como "emprego", apresentando as suas conotações e divergências:

"O estágio, para mim, hoje, é um emprego! Não tem outra palavra, porque dificilmente hoje se coloca o aluno numa instituição, onde se concebe o aluno como estagiário. A gente pode dizer: 'Bom, mas ele é um estagiário!' O aluno tem que entender que isso é um emprego e que está em jogo uma série de coisas. Ele não está sendo protegido. Ele pode estar protegido em algumas situações que, na verdade, são mais situações para boicotá-lo de participar. Exemplo: o estagiário não vai participar de reuniões com os profissionais! Aí se usa a terminologia estagiário! Na verdade, isso é um boicote, usando-se o papel do estagiário! Ou: 'O estagiário tem que fazer visitas'. Daí, ele tem que entender isso também: que tem um jogo de palavras, um jogo semântico, um jogo aí sacana por detrás! Ele tem que entender que ele está já no mundo do trabalho. Eu incluiria, então, o estágio no mundo do trabalho. E desta forma, ele já está aprendendo. Está aprendendo para ser profissional. Estágio pode ser do lado de quem está supervisionando, mas eu preferia dizer um 'aquecimento'. Para mim é mais um aquecimento do papel profissional, onde você está aprendendo este papel na prática e está trabalhando já; seja remunerado ou não — é um trabalho! Então daí deriva o seu papel."

Toledo desvela o estágio hoje como "emprego inserido no mundo do trabalho", uma vez que o estagiário se situa no contexto institucional, onde existem as normas, as regras, o jogo de forças. Todavia, deve-se ter o cuidado de não perder de vista o caráter educacional que não carece ser anulado na vivência do estagiário no mundo do trabalho. A contradição existe e aqui tem a sua força, porém não se pode negar ou idealizar o estágio sem partir das condições reais em que ele se efetiva. O contrário seria utópico. Nesta perspectiva é que Toledo mostra o conflito que gera esta questão. Ora o aluno é estagiário, ora ele é um trabalhador, ou seja: ora lhe são podadas determinadas atividades (por ser estagiário), ora tem que fazer tudo o que o profissional faz, pois o aluno está no mundo do trabalho. Dá-me a impressão de considerá-lo como adolescente: ora não pode fazer algo, porque é ainda menor; ora deve fazer algo porque já é considerado adulto. É o mesmo que dizer para o aluno: "Você não pode fazer isto porque ainda é estagiário"; "você deve fazer isto porque você já é um profissional!".

Apesar de estar acompanhando as discussões, idéias e argumentos de um grupo de profissionais que concebem o estágio como emprego, não concordo com tal posição. Se é aluno de graduação, não é assistente social. Ele está em processo de formação. Nesta medida, o estágio deve ser respeitado como tal e deve ser também programado, com cuidado, nos cursos de Serviço Social, como qualquer outra disciplina. Acredito que justamente pelo fato de profissionais aceitarem o "estágio como trabalho" faz com que o mercado abuse e use do estagiário cada vez mais, como mão-de-obra barata. A própria incorporação de que é "emprego" leva este mesmo mercado a contratá-lo para executar as tarefas de um assistente social, sem estar preparado para tal nem sequer usufruir dos direitos trabalhistas.

Acompanhando pelos jornais as últimas ofertas de emprego para assistentes sociais, e os salários de diferentes categorias, incluindo os do assistente social, cada vez mais noto um acentuado distanciamento de renda entre as outras profissões e a do Serviço Social. Está cada vez mais se achatando, afastando-se de outras categorias, com as quais se equiparava antes, como por exemplo a psicóloga, pedagoga, fonoaudióloga etc.

Deseja-se num passe de mágica, exigir do aluno que assuma, sem que uma formação específica da realidade lhe tenha sido proporcionada, ser um profissional. Se o mercado de trabalho ou o sistema capitalista selvagem o explora, esta exploração não deve ser legitimada. Seria paradoxal fazê-lo, concretizando-se a contradição entre o que o Serviço Social preconiza e o que faz.

Quanto a Marques, assim se expressa sobre o estágio:

"Eu acho que o aluno tem que entrar em contato com a realidade. No que concerne à questão formação, eu valorizo um espaço grande de contato com a realidade e um espaço grande no curso de recuperação desta realidade."

"Cada realidade nos cobra algumas referências muito concretas e muito específicas em função da necessidade que ela atende e que são as fundamentais da profissão, aplicadas àquela realidade específica; as questões da Faculdade que puxam para a formação — o que a formação espera que o aluno viva para que aquilo seja uma referência formadora para ele. Não são experiências quaisquer; são experiências selecionadas e que esperamos tenham algum nível de conexão e de organização, para que permita a ele ter um conjunto de ações que tenham ressonância para a formação dele."

"O contato com a realidade é o momento fundamental do aluno e, às vezes, ele deixa contatos, coisas fundamentais de sua prática, em função de estar trabalhando para outras disciplinas, porque nas disciplinas mais práticas há uma aprendizagem mais livre, mais fundamentada na responsabilidade dele, no compromisso dele, na importância que ele está dando naquele momento, de entrar em contato com a realidade e experimentar tudo o que ele está vivendo; iniciar a estruturação do papel profissional dele, quer dizer: construir o início daquela matriz."

Marques dá um destaque ao estágio, por ser ele o espaço privilegiado de contato do aluno estagiário com a realidade social, onde o Serviço Social se concretiza. Contudo, ela ressalta que o material vivenciado nessa realidade pelo aluno deve ser resgatado no curso, essencialmente através das disciplinas mais relacionadas à prática, como é o caso da disciplina de Projeto de Investigação e Prática — PIP, a qual Marques ministra. Além do mais, o estágio, por ser o *locus* propício para o treinamento prático-profissional, é também o espaço apropriado para o aluno traçar a sua matriz de identidade profissional,[4] por ser aí que ele desenvolve a sua aprendizagem, a sua respon-

---

4. Marques referencia-se na teoria de Jacob Moreno, que tenciona levar o homem à maturidade, desvencilhando-se da cristalização de modelos que estão presentes no homem, na *conserva cultural*, como ele diz. Ver: MORENO, Jacob. *Psicodrama*, 1975, pp. 157-164.

sabilidade, o seu compromisso e demais atitudes e habilidades profissionais. Neste sentido, as experiências do aluno no estágio devem ser selecionadas, planejadas e afetas à sua formação profissional, pois "não são experiências quaisquer", como diz Marques.

A docente aponta o deslize que pode ocorrer de, por vezes, o aluno dedicar-se com maior afinco às disciplinas mais teóricas, que, por suas características próprias, possuem conteúdos mais organizados, o que pode levar o aluno a colocar em segundo plano as disciplinas mais práticas, por terem conteúdos mais livres, menos estruturados e relacionados à prática vivenciada pelo estagiário.

2.2. Concepção de estágio das supervisoras

As supervisoras também opinam sobre o assunto em questão. Bernardes expressa-se a respeito:

"O estágio é um campo de formação mesmo! É um campo de formação, com as dificuldades que existem de estarmos querendo conseguir, mas não sei se estamos ensinando uma prática. A preocupação é para que esse aluno vá se tornando consciente e adquira uma visão crítica daquilo que está fazendo. O estagiário vai participar dessa prática como ela é exercida e ele pode estar até inovando. Assim, se ele é um aluno compromissado, se ele tem sensibilidade para estar percebendo as coisas, ele vai fazer uma ponte entre a teoria e a prática e vai injetar coisas novas nessa prática para melhorar a qualidade do atendimento. Desta maneira, o estagiário vai sair fortalecido e o paciente vai receber um melhor atendimento. O aluno vai aprender como ele está processando a teoria e a prática e tudo isso é bagagem para depois."

"Aqui nós temos muitos pacientes, muito material humano para trabalhar. Trabalhando, o aluno vai vivenciar a prática de maneira que queremos que ele vivencie, usando a sua responsabilidade."

"...nós vamos dar a oportunidade para ele praticar o Serviço Social. (...) O estágio em si tem o espaço respeitado aqui dentro da Instituição. Ele tem que estar presente. O estágio tem o espaço, mas também ele é questionado porque não tem uma coordenadora só para isso."

"Ainda em relação ao estágio, até que ponto o estágio é importante na Faculdade? Faz parte do currículo, mas só! Aqui dentro do hospital o objetivo é o ensino, mas a preocupação do ensino é média. Agora, se você é compromissada com a sua categoria profissional, você também quer contribuir para o ensino. Então eu acho que muito passa pela boa vontade do profissional."

Bernardes destaca o estágio como campo de formação onde o aluno vai exercitar a prática profissional, vai "aprender como ele está processando a teoria e a prática". Aponta algumas características de como esta aprendizagem se efetiva, tais como responsabilidade, consciência, compromisso, espírito crítico e inovador.

Na sua visão, Bernardes considera o estágio reconhecido pela instituição onde está empregada, tendo um espaço para a sua concretização. Contudo, ressalta a defasagem de recursos humanos — o fato de não ter um coordenador de estágio somente com esta função. Por tratar-se de uma instituição de grande porte e complexa, de uma instituição de saúde que privilegia o ensino e que, por isso, tem estagiários de diferentes áreas, realmente a necessidade de uma coordenação específica para tal se faz presente. Ante as dificuldades institucionais a serem enfrentadas, assinala o compromisso com o ensino como desencadeante da responsabilidade e da boa vontade do profissional assistente social que percebe a sua importância. Em contrapartida, ela não percebe o reconhecimento do estágio por parte da Unidade de Ensino, alegando estar apenas elencado no currículo e ficando restrito, portanto, ao nível da intencionalidade.

Rodrigues Marques, em diversos momentos de sua entrevista, fala sobre o estágio:

"O estágio é essa questão de você ter um espaço para executar uma atividade profissional. Mas que seja uma experiência controlada e apoiada! Que não seja só a execução de uma tarefa: que exista essa supervisão. (...) Que seja uma experiência onde você tem a oportunidade de refletir em cima do que você está fazendo (...) de ter oportunidade de aprofundar teoricamente o que você está fazendo na prática (...) não é qualquer trabalho numa obra social que você pode dar para a estagiária fazer. (...) Acho que você tem a responsabilidade muito séria de oferecer a experiência da prática e uma experiência válida (...) de oferecer uma experiência de estágio, onde o aluno vá realmente poder usar a teoria que ele aprendeu na Faculdade."

> "Pode-se até ouvir da Faculdade que o estágio é a relação da teoria e da prática, a sua integração, mas, objetivamente, no dia-a-dia, a coisa está dividida."
>
> "Quanto à importância do estágio, acho que é o momento quando você pode conhecer o que é o Brasil, o que é o povo na realidade. É uma experiência imprescindível para o assistente social... e ter uma visão mais real da situação social. (...) No início do estágio o que faço é estar estudando, lendo textos, informando sobre a instituição, antes de o aluno ter contato com o cliente ou antes de ele sair a campo. E aí, eu acho que o estágio ajuda a aprofundar a teoria da Faculdade (...) O estágio ajuda a fortalecer algumas idéias, a clarear algumas informações."

O estágio é concebido por Rodrigues Marques como a especialização concreta, onde o aluno tem o ensejo de realizar a sua experiência prática, refletir sobre ela, à luz de uma teoria pertinente. Nesta perspectiva, não é qualquer tarefa que pode ser atribuída ao estagiário. A sua congruência vale-se de um estágio significativo, onde o aluno possa realmente operacionalizar o conteúdo teórico do curso em sua vivência prática. Tal configuração proporcionará a obtenção de uma visão geral do contexto sócio-histórico do Brasil, do povo e de sua situação por parte do aluno. Rodrigues Marques ressalta, ainda, a responsabilidade do assistente social supervisor em oferecer um estágio eficaz e merecedor de confiabilidade, contribuindo para a formação profissional do futuro assistente social. Entretanto, Rodrigues Marques queixa-se ao notar que os objetivos do estágio — "a relação da teoria e da prática e a sua integração" — nem sempre se concretizam.

Chuairi, em relação a esta questão, iniciando a sua entrevista, diz:

> "Este interesse pela Supervisão se baseou nas dificuldades que senti para arrumar estágio quando eu era estudante, e no fato de poder realizar um estágio onde a supervisora de Serviço Social e equipe interprofissional contribuíssem para o meu crescimento e, sobretudo, me fizessem acreditar na profissão."

Ela atribui à sua opção por ser supervisora o fato de ela defrontar-se com obstáculos ao buscar um estágio, quando ainda era aluna, onde pudesse ser acompanhada em sua aprendizagem e fosse ao encontro de sua profissão.

2.3. Visão de estágio das alunas

Quanto às estagiárias, posicionam-se de diferentes formas, detalhando mais acentuadamente o seu estágio, espaço onde se sentem familiarizadas para darem seus depoimentos. Neste sentido, relatam como ele se configura no cotidiano, percebendo-se a processualidade de sua realização, seja com conflitos ou não, o que fazem, como o fazem e se sentem.

Ventura fala sobre sua experiência de estágio, realizada em duas instituições:

> "Por exemplo, no meu estágio eu só fazia visitas hospitalares! Poderia só olhar se o 'cara' está gostando, não está gostando do hospital e passar isso para a Clínica e a Clínica melhorar isso, e não ter reclamação! Eu não vou fazer só isso! Eu tenho uma formação religiosa, que me ajuda a olhar o homem na globalidade. Maria do Carmo me colocou uma coisa, que eu acho muito séria: 'que a religião pode ser o ópio do povo! É a possibilidade de olhar o homem, como pessoa, como um todo; não só como conjunto de necessidades que têm que ser satisfeitas, porque o nosso corpo é só matéria.' Lá na Clínica meu trabalho era assim: entrar no quarto e ficar conversando com a pessoa: entender a história dela não interessava. É claro que interessa! Por isso tomei várias broncas: 'mas como você demora naquele INPS!' Eu reivindicava o espaço profissional, até entender que a pessoa está com problema de auxílio-doença e: como vou encaminhar isso? — Explicar isso para ele! A pessoa não é só 'auxílio-doença', e não basta só saber se ela está bem ou não está bem — implica um envolvimento! O que é a minha vida, se não são os encontros que eu faço todo dia? Em que consiste a vida? Consiste em realizar tarefas? Para mim, isto é muito pouco! Chegar, ficar oito horas em um lugar, realizando tarefinhas? Não! Não foi para isso que eu nasci!"

E analisa em relação a este seu estágio:

> "Nem sempre você consegue alcançar um nível de profundidade, no encontro com o outro. Mas a gente tem que se ajudar a viver isso na vida, e em todos os níveis, mesmo com a minha mãe, com a minha colega de sala. Tem uma visão, por exemplo, de se ter um compromisso com o povo, só que não se pensa se essa pessoa faz essa opção de vida! As coisas estão muito ligadas; você pode ser eficiente, profissio-

nalmente falando, pode até realizar bem as suas tarefas, mas, para mim, isto não basta! Há pessoas que acham que isso basta na vida delas, porque nunca se perguntaram quanto a outra coisa; então é como se isso não existisse, em certo sentido. Mas isso daí é de cada pessoa!"

Nesta perspectiva, o estágio é o espaço onde isso acontece; é o espaço onde isso vai se realizar, vai se efetivar. É claro que depende de onde você está, em que seção você está e depende de com quem você está, a nível profissional! Quem lhe ajuda a entender isso; quem lhe ajuda a caminhar neste sentido!"

A atribuição prática da estagiária, nessa sua primeira vivência, foi realizar visitas hospitalares junto aos pacientes conveniados da instituição onde realizava o estágio, ou no INPS, objetivando o bom atendimento do usuário. Contudo, pela sua visão de homem, cunhada pela sua filosofia cristã, a aluna não aceitava atrelar-se somente a esta função, concebendo o homem em sua totalidade, "não só como um conjunto de necessidades que têm que ser satisfeitas" e compreendendo a sua história, a sua situação global. Daí ressaltar o envolvimento, o encontro com o outro, o respeito pela opção do outro, a ajuda mútua; está ultrapassando as barreiras institucionais de seu estágio para outras vivências humanas. Ventura não se restringia ao atendimento prescrito pela instituição; explorava a sua intervenção junto ao paciente, trabalhando outras situações que se inter-relacionavam. Ressalta, ainda, que a eficiência profissional não basta, se não for acrescida dessas atitudes humanas. Esta sua visão é muito determinada pela sua vivência cristã, pelos seus princípios religiosos, o que também se denota em outros momentos de seu discurso e que são transferidos e aplicados em sua atuação profissional. Ventura considera o estágio o *locus* propício de execução e de reflexão sobre os atos e conteúdos que enuncia. E continua, relatando sobre o outro seu estágio:

"A Associação dos Desempregados foi criada em 1983 e a conjuntura era meio aquela dos saques. Daí começou-se um trabalho. Começamos com os amigos de bairro uma campanha para ajudar umas pessoas desempregadas. O que se identificava? Pessoas querendo dar dinheiro e pessoas passando fome. Como fazer? Então, a iniciativa foi da Igreja Católica, mas se juntaram a ela a Espírita e a Evangélica.

Foram essas três Igrejas que constituíram essa Entidade. Não é uma entidade religiosa, ou melhor, essa não é a condição, a finalidade para se estar trabalhando ou entrando lá. Para mim, é uma coisa supernova! É viver o ecumenismo; é não querer ser igual, num certo sentido. Cada um é o que é; é o que encontrou na vida e, assim, a gente pode estar junto! (...) Na Instituição onde eu estagio, o atendimento que eu faço é assim: havia um problema emergente que era o desemprego, o qual estava incomodando o Estado. Aí a Igreja, preocupada com esse problema, e vendo pessoas querendo dar dinheiro, aceitava o dinheiro do Estado, que para ele interessava! A Igreja queria organizar a sociedade, porque de fato a Igreja tem um amor ao homem."

"No começo do trabalho fazia-se um repasse do recurso que vinha do Estado. O trabalho da Instituição consistia em sacar o dinheiro que o Estado e a sociedade civil depositavam numa conta chamada de Solidariedade, e repassar para os desempregados, não individualmente, mas que estivessem em grupos. Já é um passo qualitativo, porque não se quer mais fazer, 'tipo o INPS' — que não está interessado em que as pessoas se juntem e dá os benefícios individualmente, como o auxílio-desemprego, que depois instituiu (...) Os desempregados começaram se organizar em grupos, reconhecidos legalmente através de registro em cartório. As pessoas que ajudavam a constituir a Associação, inicialmente trabalhavam voluntariamente, porque é uma Instituição que nasceu dentro de um caráter voluntário de trabalho. Este consistia em cadastrar os desempregados, na organização das pessoas em grupos; na organização jurídica (os grupos têm registro em cartório — estão constituídos juridicamente). (...) Continuando, o trabalho consistia em que as pessoas estivessem em grupos e discutissem as questões mais cotidianas delas. Isto possibilitava um aprofundamento e dava um passo significativo, a nível profissional. Por exemplo, você pode trabalhar numa Instituição onde você atende só caso isolado; onde você não consegue olhar a realidade onde a pessoa está inserida, mostrar o que isto significa para ela, partindo do seu bairro, do conhecimento que ela tem dela, sua história e, aí, repassar o dinheiro. Tem um lado, que é o Estado querer ficar quieto; mas tem o outro que é querer organizar. Isso você vai descobrindo! (...) O grupo tinha que ser constituído de empregados e desempregados para se viver a solidariedade, senão não havia a necessidade e não havia a solidariedade, porque não tem, aí, uma relação de troca e uma situação diferenciada. Alguém que é empregado e tem dinheiro pode ajudar os desempregados, dando dinheiro ou ajudando a arrumar emprego. Alguém pode estar indo para o trabalho e no caminho pode ver um emprego e ajudar o outro. Havia ainda o 'carente', o quase 'miserável', aquele que vive ajudado pelos outros, ou por ser velho, ou por ter algum problema de saúde e que sobrevive de ajuda. Encontramos demais essas situações. Todo esse movimento cresceu, a partir de uma necessidade de troca! Para mim, isto foi muito marcante e me educou a olhar e perceber como as pessoas estão vivendo."

"Com esta experiência, eu pensava no projeto, que é o de nuclear a sociedade, nuclear como meio para criar uma sociedade diferente. Várias organizações nucleiam: partido político nucleia, como meio para conseguir o poder! Mas nós não temos essa finalidade. Nosso objetivo é o próprio homem na realidade! A Associação se utiliza da ação para que as pessoas se unam, melhorem a vida e reivindiquem as questões do Bairro. Então, a forma que acaba sendo utilizada é a nucleação. (...) Bem, com o tempo mudou o caráter da Instituição, porque o governo deu 'auxílio-desemprego', e achou que era bom tirar o dinheiro, porque a verba mais significativa era do Estado. Se você não tiver dinheiro, você não consegue mobilizar a nível de uma contribuição significativa. Na época, tinha uns trezentos grupos! Como que dava? Trezentos grupos de quarenta e cinco pessoas, cada um deles! Tinha uma média de doze mil pessoas cadastradas na Instituição. A gente se utilizou de todo um sistema de ajuda, como por exemplo, o Chico (Francisco Pereira Whitaker), que é assessor de Dom Paulo (Dom Paulo Evaristo Arns, Arcebispo de São Paulo), ajuda-nos e pensa na Associação; é uma pessoa incrível! Ele tem muitos contatos: é colega do Montoro, colega de Bresser! O Bresser é quem estava na Secretaria, na época; foi ele quem ajudou, por exemplo, a conseguir o Prodesp (Processamento de Dados do Estado de São Paulo), para cadastrar os dados. Tudo isso é conseguido na relação pessoal! Não é uma coisa que previa entradas mais normais, burocráticas. Com a mudança do trabalho, hoje nós acompanhamos os grupos. Não se distribuiu mais cheque-auxílio; ajudamos na organização das atividades comunitárias, com máquinas que são capital da Promoção Social! Vai-se inda por aí e sobrevivemos de doações! Hoje não temos o apoio do Estado e nem da Prefeitura. Vamos tentar entrar com um projeto, mas para conseguir isso!"

O discurso de Ventura desvela um estágio mais aberto e não-institucionalizado e, portanto, menos limitante, que possibilitou uma experiência muito proficiente e fruto do contexto sócio-político-econômico do país, nos primórdios da década de oitenta: o arrocho salarial, a inflação corroendo o poder aquisitivo e o acentuado número de desempregados, especialmente nas grandes metrópoles, como em São Paulo. Trata-se da Associação dos Desempregados. Percebe-se, pelo relato, a participação da aluna em todo o processo da organização da Associação: a organização dos grupos, labutando para serem reconhecidos legalmente; a discussão dos elementos dos grupos, advinda do emergente de seu cotidiano; o vivenciar a relação de troca, de solidariedade e de ajuda mútua; o contato com a pessoa, com o grupo, do trabalhar em conjunto e não isoladamente; o compartilhar da realidade de cada um; o respeitar um ao outro etc.

Denota-se que Ventura valoriza o trabalho grupal e comunitário que é desafiante e inovador. Com a oportunidade dessa vivência no real, ela teve uma aprendizagem profícua, como ela mesma afirma: "Para mim isto foi muito marcante! E me educou a olhar e perceber como as pessoas estão vivendo". A estratégia de sua ação é evidente: a nucleação das pessoas e sua intencionalidade ("nosso objetivo é o próprio homem na realidade... que se unam, melhorem a vida e reivindiquem suas questões do bairro"). Essa experiência a fez transferir sua aprendizagem e dar vôos maiores, não se atrelando à nucleação dos grupos em estância restrita, mas pensando em "nuclear a sociedade como meio para criar uma sociedade diferente".

Gonçalves, também como Ventura, por diversas vezes em seu discurso refere-se ao tema estágio:

> "É muito difícil desenvolver um trabalho no estágio, principalmente por ser um órgão público e eu estar estagiando junto com a equipe de Educação de Adultos. Eu chegava lá e pensava: 'o que é que vou fazer nesta equipe?' Eu chegava lá à tarde e não tinha o que fazer. No começo eu era *office-boy*: eu ficava grampeando papel, ficava ouvindo o que diziam e não tinha o que fazer! Daí eu indagava à supervisora: 'Mas o que a gente faz aqui? O que um assistente social faz aqui?' E ela me dizia: 'Cuida do social!' E ficava nisso: o social — só nisso! E eu ficava me perguntando: 'O que é o social aqui?'"
>
> "Eu fazia 'tarefinhas!' Fazia reunião com os alunos, de quinze a vinte minutos, porque eles estavam em aula e nos finais de semana eles não podiam se reunir. Um dizia: 'Ah! Eu preciso de uma cartinha!' E eu organizava a carta; outro dizia: 'Nós queremos um passeio' — e eu organizava um passeio! Descontente com isto, eu conversei com a

supervisora e disse: 'Não dá mais para ficar solitária assim!' A minha proposta era outra: fazer um trabalho com eles, estar debatendo com eles, discutir alguns temas de importância para a vida deles, para ir alargando a visão deles, porque é bem assim: 'Eu estou aqui porque Deus vai me ajudar para conseguir!' Eles não têm a visão que participam do Programa de Alfabetização, porque eles não tiveram condição de estudar, porque a sociedade exigiu que eles fossem trabalhar desde pequenos e desde então estão sendo explorados. Eles não têm esta consciência! Eu estava pensando em desenvolver um trabalho neste nível — de estar discutindo certos pontos considerados importantes para eles. Coloquei esta idéia para a supervisora: que desse jeito eu não ia mais continuar fazendo reuniões. Ela falou: 'De que jeito você quer?' Daí eu expliquei. Então ela disse: 'Tudo bem — vai fazer deste jeito!' Mas não teve condições de levar o trabalho porque, em quinze minutos de reunião, o que a gente vai fazer? Há um mês eu disse para ela: 'Não tem mais nada para eu fazer aqui, porque reunião 'porcaria' (eu disse bem assim para ela) eu não vou mais fazer!' Então ela disse: 'Ah, não! Vamos procurar outra coisa!' É neste esquema o meu estágio! Agora eu estou completamente parada! Eu fico no estágio só porque é remunerado e ainda é baixa a remuneração. Não tem mais nada para aprender lá! Os profissionais nem estão pensando no serviço! Eles ficam lá quatro horas, conversando sobre marido, sobre filhos, sobre não-sei-o-quê... Não pensam no trabalho deles."

"Por isto que todos os programas de lá estão parados; o pessoal vai lá só para cumprir hora. O pessoal fica lá quatro horas, quando teria que ficar seis horas e meia de trabalho. E, se fica cinco minutos conversando sobre o serviço, é muito! E isto vai frustrando muito a gente! Chega um ponto que não agüento mais ir ao estágio. Sei que eu vou lá e não vai ter nada o que fazer. E vou fazer o quê? Talvez eu passe agora para o plantão. Mesmo assim, a assistente social do plantão ficou 'meio assim' quando eu disse que talvez eu vá para lá. Acho que é o receio do profissional ser checado. Acho que ela está pensando: 'Por que você vai ficar aqui? Atender? Pode pôr o bico aqui e eu não quero!' Fica difícil!"

"Estágio para mim é o lugar onde o estagiário vai aprender. Ele entra sem saber nada de prática e ele vai lá para aprender. Muitas vezes o estagiário assume um papel de técnico. Não deve ser assim! (...) Eu percebo que nas instituições a gente geralmente é mão-de-obra barata. A gente atua como técnico. Há dias que eu fico lá sozinha e tudo o que pinta, eu tenho que resolver: é um papel de técnico que a gente acaba exercendo."

"Lá no meu estágio é muito difícil trabalhar e eu sinto muita falta da Supervisão. Há dias que eu não sei o que fazer acabo não fazendo nada e isto interfere no meu estágio. (...) Então o estágio deve ocorrer passo-a-passo, para se ir aprendendo. Não adianta ficar jogada na instituição, se virar e procurar o que fazer! Deveria ser uma coisa clara para o aluno e direta: 'Você vai neste estágio; você vai desenvolver tais coisas, tais propostas etc.' e, daí, haver um acompanhamento para desenvolver tudo de forma adequada."

Os depoimentos de Gonçalves estão entremeados de sentimentos de angústia, mágoa, conflito, perplexidade, perturbação, contradição, busca. A aluna faz estágio na Prefeitura Municipal de São Paulo, no Programa de Alfabetização de Adultos e aqui há a primeira contradição: não é porque é um órgão público e porque é um programa de Educação de adultos que se torna dificultoso realizar o estágio, como ela declara; mas sim porque seu estágio não foi planejado e houve desinteresse por parte dos profissionais da sua equipe em dar-lhe a Supervisão, fazendo com que ela se sentisse insegura e perdida, sem saber o que fazer. Realmente, é difícil para uma aluna situar-se num estágio em que suas atribuições não estão claramente definidas (e ela vai à cata do que fazer), onde não tenha um profissional que a acompanhe no seu processo de aprendizagem e onde suas referências de matriz de identidade profissional são frustrantes e inadequadas. Percebe-se que ela não se engajou na equipe de trabalho. Sente-se solitária e a não-referência positiva de profissional leva a queixar-se de como os técnicos se portavam no trabalho, desde o cumprimento do horário até a forma e o conteúdo do que faziam no cotidiano.

O leque de sentimentos estão encrostados no seu dia-a-dia, onde os conflitos, a insatisfação e as contradições ocorrem: ora a aluna faz as denominadas "tarefinhas" (ser *office-boy*, grampear papel, elaborar carta, organizar passeios), ora não faz nada ("agora estou completamente parada"; "não tinha o que fazer"; "não tem mais nada para eu fazer aqui"; "acabo não fazendo nada"; "há dias que eu não sei o que fazer"). Tal configuração a leva ao desânimo, passando a reclamar de sua situação ("não tem mais nada para aprender lá, porque reunião 'porcaria' eu não vou fazer"), ou a refletir sobre o que poderia realizar, mas permanecendo o intencional — ("o que é que eu vou fazer nessa equipe? Mas o que a gente faz aqui? A minha proposta era outra..."; "Eu estava pensando em desenvolver um trabalho neste nível"). Contudo, ao mesmo tempo que Gonçalves retrata este panorama, paradoxalmente, afirma assumir o lugar do técnico, fazendo as suas tarefas, o que vale dizer, que ela fazia algo condizente e relacionado ao Serviço Social ("A gente atua como técnico. Há dias que eu fico sozinha e tudo o que pinta eu tenho que resolver.").

Outro aspecto a ressaltar é a postura crítica de Gonçalves; ela tem consciência de seu processo de aprendizagem e do que ocorre ao seu redor, no contexto do estágio. Critica o fato de ser "usada" pela profissional e ter que assumir seu lugar, ressentindo-se de ser mão-de-obra barata. Dá importância à Supervisão e cobra o acompanhamento do supervisor, bem como um estágio planejado, onde se sinta segura, sabendo o que vai realizar, sem titubeios.

Quanto a Morais, ela não se preocupa em dar a sua visão de estágio. Fala sobre o tema, detalhando aspectos de sua vivência, o que lhe é peculiar. Há um momento em que ela cita a fala de uma de suas supervisoras: "Bom, como você está numa fase de experiência, você pode estar fazendo" — o que revela ser o estágio o momento propício de experiência prática. E é justamente essa sua vivência enquanto estagiária que a aluna relata:

"Eu comecei o meu estágio no DAIS (Departamento de Amparo e Integração Social), da Secretaria da Promoção Social do Estado. Era basicamente atendimento individual de caso que a gente fazia; fazia-se um trabalho de grupo, mas que, com o tempo, eu percebi, era para 'eliminar' tempo: você atendia todo mundo junto, mas não se fazia um trabalho de grupo. Você ia falar para um e, então, falava para dez e 'eliminava' tudo, só isso!" (...) "O primeiro estágio eu consideraria assim como um acaso; foi legal porque eu tive contato com a clientela, mas até perceber aonde eu falhava, até me descobrir! Você se descobrir enquanto profissional é uma coisa complicada! Você não tem muitas direções e fica meio perdida, de princípio! Você não sabe se o seu trabalho é profissional ou não!"

"Depois, enquanto eu fazia estágio no DAIS, eu comecei a fazer estágio na DRESSO (Delegacia Regional de Educação e Serviço Social), de Campo Limpo, Zona Sul de São Paulo; pertence à Prefeitura. E aí eu tive uma nova visão de supervisor... e me foi dado espaço para conhecer coisas novas. Nós tínhamos um trabalho, na época, que era de um Centro Comunitário. Era trabalhar com um grupo de mulheres para discutir os problemas delas e da própria região delas. Tinha uma assistente social que decidiu assumir o trabalho. E eu, que gostaria de estar assumindo, coloquei para a supervisora e ela aceitou. E foi muito interessante, porque, como os profissionais tinham muito trabalho para fazer, eles não tinham nem tempo para estar pesquisando coisas novas. Estão descobrindo um convênio novo que traria algum trabalho para aquele pessoal, que traria algum benefício — estar mais tempo junto com a população, ir para a área, ficar conversando com eles, saber: Quem é a Maria? Quem é o João? E aí, dentro do grupo semanal que fazíamos, eu conhecia as pessoas. Então eu passei a ser gostada e querida por aquelas pessoas, e elas da mesma forma. Só que para mim tinha um projeto, tinha um objetivo muito claro: o trabalho era numa linha de estar, primeiro, fazendo com que as mulheres pensassem na situação delas, no papel delas e de estar politizando também, só para ter uma formação."

"Eu estou fazendo estágio agora, além da Prefeitura, na Décima Primeira Delegacia, no Plantão Social que está vinculado à Secretaria da Promoção Social, e que é ligado à Secretaria de Segurança Pública. E lá o trabalho é só de atendimento individual. E é uma coisa muito louca! O trabalho é feito por técnicos, em plantões. Então os técnicos nunca se encontram; eles nunca têm reuniões, eles nunca discutem nada. Eles vão fazendo o trabalho, como dá! E quanto à minha supervisora, no começo, eu não sei se eu fui um pouco forte nas minhas colocações, até de estar indo para um trabalho individual que eu não estava muito interessada e que fui, mas acho que era uma coisa que eu queria aprender também, queria estar vendo, queria estar aprendendo melhor, e de princípio eu comecei a questionar, questionar muito o papel dela, o trabalho dela, e até ver aquela Instituição de forma negativa (isso queimou a nossa relação. Então é uma pessoa que dentro do que ela faz, dentro da visão dela, ela é boa). Ela acha que você tem que atender muito bem o cliente, mas normas são normas. Se o cara chegou e não tem onde ficar, ele vai para o CETREN (Centro de Triagem e Encaminhamento); você não tem que questionar o CETREN! Ele existe, está aí! Se você pode fazer uma visita domiciliar, mas a Instituição não lhe dá um carro para isso: 'Ela não dá! O que eu vou fazer? Então, não faço a visita domiciliar!' De certa forma já se acostumou com a debilidade mesmo! Com a fraqueza da Instituição! E quando você questiona, porque aí eu passo a questionar: 'Mas, você não briga para ter uma viatura junto da diretoria? Você não leva isso para eles?' Ela vira e fala: 'Mas isso é uma questão política!' E se eu brigar, sou removida de plantão. Esse daqui é perto da minha casa. Eu sinto assim: não é uma incapacidade profissional — mas um descomprometimento. A profissão é uma coisa que está aí e eu vou fazendo como eu lavo as roupas lá de casa; eu vou no plantão e ajo como assistente social!"

"Quando eu saí do DAIS, eu não pedi demissão, embora tivesse vontade; eu fui demitida, porque a supervisora falou que não tinha condição de eu continuar. Ela fez uma reunião, convocou três estagiárias, duas assistentes sociais e nem foi a minha supervisora. Minha supervisora estava de licença de dois dias. Foi a própria diretora do Departamento que disse que eu não tinha me adequado à Instituição e que era impossível continuar trabalhando lá. Ela disse que eu não me adequei, que eu exigia a Supervisão que não estava podendo ser dada. Acontecia, assim, de uma forma séria; ela tinha conhecimento disso e ficou muito brava, porque eles implantaram um sistema de computação no DAIS e o estudo individual de caso eram duas linhas e é por código: 'Moreno — código X; Casado — código Y' e acabou! Só que ali você pega muitos casos que têm passagem psiquiátrica, que é coisa muito complicada! Muito! Eu não conseguia entender, o que é você fazer um relatório em duas linhas e mandar para um computador! Sabe, para mim estava fora de um trabalho social! Não que eu tenha algo contra! Acho que o computador é uma das coisas mais belas e mais bem inventadas — só que, para essa área, ele tem que ser muito bem estudado. E foi feito por técnicos de programação que fizeram um relatório para usar no estudo de caso. Eu falei... deixei muito claro: 'ou eu faço este papel para a computação (porque tinham uns quatrocentos para você fazer em alguns dias, então você não tinha tempo para atender as pessoas, porque você tinha que entregar naquele prazo), ou eu faço minha entrevista decente, ou eu atendo clientes, ou eu vou ficar fazendo aqui planilha de computador!' E essa assistente social levou isso para a direção. Disse que eu estava me colocando contra a questão da computação dentro do DAIS, e que eu falei que não ia fazer! Inclusive esta assistente social estava na reunião. E como o sistema de computação foi muito caro para a Instituição, foi despendido muito dinheiro, não queriam deixar isto perdido! Então teria de ser... e até hoje está acontecendo. Daí eles me convidaram a sair! Para mim foi uma coisa muito séria, porque ficou mais clara a contradição desse profissional, que não está nem um pouquinho preocupado com a formação do estagiário! Que não consegue perceber a importância disto para que você se torne um profissional, até mais crítico, mais consciente do seu papel, mais disposto a fazer um trabalho sério! O único saldo positivo que eu vejo do DAIS é que, na Seção onde eu trabalhava, hoje não existe mais estagiária."

Os depoimentos de Morais manifestam que, apesar das dificuldades, visões diferentes de mundo, de homem, de Serviço Social, de assistente social, de supervisor e de Supervisão — o estágio foi um "espaço para conhecer coisas novas", "para estar pesquisando coisas novas", como ela mesma afirma.

O fato de a aluna ter estagiado em três instituições (além das duas já citadas anteriormente, acresce-se a da Delegacia de Polícia), fê-la ter uma visão mais abrangente da atuação profissional, da realidade social e do contexto mais amplo, bem como de seus entraves, conflitos, contradições e limitações. Com tal oportunidade, ela mergulhou na prática, pois era a circunstância que ela podia ir para a área e estar junto com a população e conhecer a sua história e sentir como é o *real concreto* do Serviço Social. Nesta medida, Morais relata sobre o início de seu estágio, onde sentimentos de angústia, ansiedade, insegurança, questionamento permeavam a sua ação: "Eu vim para o estágio para discutir a profissão, doida para atender todo mundo"; "você não tem muitas direções e fica meio perdida, de princípio"; "no início, eu questionava muito tudo: a instituição, a equipe, o papel profissional".

Essas reações, repletas de emoções, denotam especialmente dois aspectos. Um deles é o momento natural que a aluna passa ante o novo que ora gera angústia e ansiedade, ora ímpetos de querer entranhar-se inteiramente na vivência prática, do fazer, sem que para tal ainda não esteja preparada. Outro ponto a ressaltar é a postura crítica e inovatória aguçada de Morais, que a conduz logo de imediato a questionar tudo o que difere de sua visão de mundo, trazendo conflitos entre ela e a instituição e entre ela e a supervisora. Isto agrava a situação ao deparar-se com o fato de que duas das instituições de estágio, de per si, possuem características de fechamento e rigidez, o que redunda em que a prática do Serviço Social contenha traços-reflexos dessa configuração. Nesta perspectiva, quando Morais se expressa sobre a matéria-prima e o proceder da Supervisão, posteriormente analisado, ela deixa entrever também a sua visão sobre o estágio, situando exemplos de desavenças e posições contrárias entre ela e a instituição e/ou supervisora (seu relato sobre o

Centro de Triagem e Encaminhamento — CETREN —, a forma do uso do computador no DAIS e o caso da FEBEM, na Secretaria da Segurança Pública), o que resultou em sua demissão. Em contrapartida, Morais ressalta outros aspectos positivos de sua aprendizagem no estágio. Ela descreve sobre o atendimento individual e grupal que exercitou e o registro de tal intervenção; sobre como organizar uma comunidade; sobre sua vivência de trabalho profissional em equipe; sobre o conhecer a população usuária e sua história e a realidade social mais ampla; sobre a complexidade de atuar em instituições sociais, imbuídas de normas rígidas; e sobre a complexidade do entendimento do ser humano nas suas inter-relações, entre outros.

Tal panorama pareceu direcionar para uma visão do momento/movimento do cotidiano do estágio; visão esta que revela ser apreendida por Morais.

3. As instituições: Unidade de Ensino e Unidade Campo de Estágio x a relação teoria e prática

No Brasil, onde as relações sociais são norteadas pelo capitalismo monopolista, o processo de mudança é reforçado pelas peculiaridades deste modelo e sofre restrições que lhe são próprias, no nível daquelas relações e de seus desdobramentos. Estas restrições atingem diretamente não apenas a formação profissional, mas também, em maior ou menor escala, as instituições de ensino e aquelas onde os alunos realizam os seus estágios. Nesta perspectiva, para se compreender a formação profissional, há de se compreender os determinantes institucionais a ela imbricados.

As instituições são instrumentos contraditórios de reprodução das relações da sociedade ao mesmo tempo que desenvolvem mecanismos de sustentação da ideologia de interesse dos grupos dominantes. Abrigam dentro de si pressões e tensões provocadas por interesses de grupos contraditórios. Nesse sentido, mostram com maior propriedade as contradições existentes no seio da sociedade.

O espaço educacional, ao revelar a inadequação da preparação ocorrente com as novas gerações, vê-se compelido ao debate e à busca de novos parâmetros para as relações sociais. É consenso entre autores ser a instituição escolar o núcleo aglutinador, organizador, reprodutor e normatizador da cultura. Muitas aspirações convergem e se concentram na escola; novas propostas de relações sociais exigem mudanças e buscam a escola como meio de aceleração de sua realização — o que tende, fatalmente, a exigir mudanças internas nesta mesma escola. Contudo, as estruturas instituídas lutam pela sua permanência e manutenção. Assim, a "Universidade traz em seu próprio fundamento ou no fundamento da sua existência uma contradição que lhe é inerente. Ao mesmo tempo que é instrumento de manutenção da sociedade, ao reproduzir e difundir a ideologia da classe hegemônica, é também de sua própria crítica, ao se constituir em núcleo de debate, de pesquisa e de produção de novos conhecimentos, que a cada instante pode exercer o questionamento da própria sociedade".[5] Desta forma, a Universidade atende a anseios aparentemente contraditórios do mercado de trabalho e à aspiração de participação social. Além disso, a escola é também, enquanto instituição, o espaço privilegiado de visualização das mudanças. Só há mudanças quando se reconhece a instabilidade das instituições.

Nesta perspectiva, a Universidade tem que ser examinada à luz do espaço e do tempo, contextualizada como parte de uma engrenagem social muito mais ampla e complexa. O mesmo se diz das instituições Campos de Estágio em Serviço Social, sejam elas de domínio público ou privado ou de caráter empresarial ou, ainda, de bem-estar social. Elas configuram o *locus* do capital-trabalho e dos serviços sociais; porém, ambos expressando a identidade de objetivos ligados à aceleração do processo de desenvolvimento capitalista. Desta forma, o Serviço Social atém-se, prioritariamente, a ser parte das engrenagens de execução das políticas sociais do Estado e setores empresariais, que se tornam os maiores empregadores dos assistentes sociais.

As dificuldades e potencialidades surgidas na formação profissional têm sua gênese em fatores de natureza estrutural e histórica

---

5. Faculdade de Serviço Social da PUC/SP. *Determinações Institucionais na Formação Profissional*, p. 1.

que se reproduzem ao nível das instituições de Ensino e Campo de Estágio.

A questão da influência das instituições Campos de Estágio, na formação profissional do aluno, e o "questionamento dos fundamentos, em que se apóiam essas influências, são aspectos dialeticamente interdependentes, sofrendo determinações análogas das Universidades, que devem levar o professor, o aluno, o supervisor a um processo de reflexão constante, considerando a realidade em movimento e a sociedade em processo de transformação".[6]

Ao refletirmos sobre a Supervisão e sobre o Estágio em Serviço Social, imediatamente vem à tona a questão do Curso de Serviço Social e da Instituição Campo de Estágio, temáticas estas que não podem ser divorciadas da questão teórica e prática. Comumente delega-se à Unidade de Ensino a teoria e à Unidade Campo de Estágio a prática, como se tais elementos pudessem ser dissociados. Segmenta-se e hierarquiza-se o saber. Nesta medida, dá-se destaque à teoria e subordina-se a prática a esta, embora no discurso da Faculdade (especialmente no programa curricular) tal afirmativa seja negada ao nível intencional; porém confirmada ao nível real-concreto.

Posto isto, justifico a inclusão desses conteúdos na análise que aqui desenvolvo, uma vez que os próprios sujeitos coletivos entrevistados, ao darem sua visão a respeito, fazem-no imbricando tais substratos em seus depoimentos, atrelando-os um ao outro, quase que compulsoriamente.

3.1. Visão das professoras sobre as unidades organizacionais relacionadas ao estágio supervisionado x teoria-prática

Inicio pelos excertos das docentes. Estevão assim se expressa sobre a Instituição Campo de Estágio:

"Também a instituição onde se trabalha é outro componente. Mesmo que se diga que ela não entra, que não se queira, ela está presente na prática. Não tem como negá-la, na medida em que a prática profis-

---

6. Ibid., p. 1.

sional se dá dentro de uma instituição, com um determinado tipo de população, de clientela. Eu acho que a instituição, na Supervisão, é uma fonte de dados para o aprendizado profissional. É um espaço muito privilegiado que está aí presente, que está interagindo; está, até, delimitando a prática e você é obrigado a considerá-lo, queira ou não queira! Eu acho que a instituição devia se preocupar mais em dar condições para que seus profissionais dessem supervisão; devia estar interessada em formar quadros profissionais bons dentro da própria instituição. Se também não está, também é um dado importante a ser considerado. A própria análise da instituição, de como o serviço se dá na instituição é uma fonte de dados para você estar trabalhando com o estagiário. A presença precisa ser forte, constante... e estar aí, até modificando o tipo de prática que se está desenvolvendo. Agora, isto também é um dado complicado, porque a maioria dos profissionais não têm esta visão; eles não trazem a instituição como conteúdo de discussão. Quando a gente dá cursos para os supervisores, eles esquecem completamente a instituição — parece que a Supervisão é uma coisa fora da instituição — não tem população, não tem nada — só o aluno, o supervisor e o Serviço Social. O resto não existe! É um grau de idealismo muito grande!"

A instituição onde o assistente social atua e onde o aluno faz o seu estágio é elemento constitutivo do contexto analítico da Supervisão. Estevão desvela, em um nível intencional, o desejo de um trabalho não-institucionalizado, mas reconhece que o real é a sua contradição, pois "a prática profissional se faz na instituição". Ela compreende, de um lado, os limites e os bloqueios institucionais, e, de outro as possibilidades de contornar estas dificuldades. Tal visão comporta necessariamente uma postura profissional crítico-reflexiva do que é a instituição, do seu papel na sociedade, de suas factibilidades e finitudes. Nesta perspectiva, tendo consciência efetiva do contexto institucional e das questões da prática aí inseridas, descortina-se a possibilidade de superar o pragmatismo da ação profissional institucionalizada, "modificando o tipo de prática que se está desenvolvendo". Ela faz, ainda, a crítica sobre a maioria da categoria profissional não partilhar desta visão e tampouco a temática-instituição tornar-se objeto de questionamento.

No entanto, o contexto institucional historicizado e situado na processualidade da Supervisão; manifesta-se como o espaço privilegiado de "fonte de dados para o aprendizado profissional".

E Estevão continua polemizando a questão:

"Como eles (supervisores) não dão Supervisão, além das deficiências do ensino, a relação teoria-prática quase nunca se faz; daí tenta-se suprir as deficiências, via ensino. Eu vejo, no curso, a teoria e a prática separadas. A maioria dos alunos não faz esta relação da profissão com o ensino. Não é que eu ache que devia ser separado! Mas é! Tinha que ter, concomitantemente, um espaço para o ensino e a prática supervisionada. É fundamental para o aluno as coisas da prática para a Faculdade."

"E se você está dando aula para pessoas que trabalham nesses lugares, o mínimo que você pode fazer é estar conhecendo o trabalho que se faz, o que é esta instituição, que tipo de problema traz, enfim, estar disponível em estar conhecendo uma coisa que não se conhece, não na postura intelectual, mas na postura profissional, também."

Percebe-se, de um lado (via supervisor), a Instituição Campo de Estágio não se responsabilizando pela Supervisão e, conseqüentemente, pelo estágio; de outro, a Unidade de Ensino demonstrando-se ineficiente, na medida em que não consegue atender às demandas do mercado e aos anseios da sociedade. A controvérsia está posta: a teoria e a prática estão desconectadas: "a relação teoria-prática quase nunca se faz", como afirma Estevão. Neste sentido, algumas questões são pertinentes. Estão aqui em jogo as instituições, atreladas à formação profissional do aluno (a instituição Campo de Estágio e a de Ensino) e a teoria em confronto com a prática e vice-versa. Na visão da docente, há a necessidade de um espaço em que a teoria e a prática sejam contempladas simultaneamente, o que corroborará para a *unidade* teoria-prática.

Tal diagnose manifesta que a Instituição Campo de Estágio dirige a formação profissional atrelada unilateralmente para o agir, descartando a formação para o pensar, o refletir, o inovar e o recriar. A própria Universidade tem delegado às instituições, onde se realizam o estágio do aluno, apenas a função do *ensino-prático* (apenas oficialmente, mas sem dar-lhes a devida retaguarda). As análises anteriores já têm mostrado que esta função não tem correspondido ao seu princípio intencional. O supervisor, elemento genuíno para desempenhar tal papel, prende-se muitas vezes somente no cumprimento das tarefas prático-administrativas, afetas à rotina cotidiana da instituição.

Por sua vez, a Universidade prioriza a transmissão do *saber teórico* em detrimento da formação do aprendizado técnico-prático, subordinando a prática à teoria. Tal configuração redunda a que o ensino como um todo fique fragmentado e estanque. Esta visão torna-se patente se formos analisar a forma como este ensino é desenvolvido. No discurso propõe-se uma integração entre o conteúdo programático, cultivando o mito do trabalho integrado em equipe. Mas o real expressa a sua negação, haja vista os depoimentos dos três segmentos entrevistados. Não existem vínculos entre conteúdos teóricos e práticos; o conhecimento é transferido, de *per si*, paulatinamente por áreas ou disciplinas, de forma parcializada e sem conexão.

Outros depoimentos de Estevão confirmam os conflitos, as controvérsias, as contradições, as limitações presentes nesta questão (sendo alguns desses depoimentos discutidos na segunda parte):

"Como é que você pode estar discutindo... a relação que aquela instituição estabelece com a população e a que o estagiário estabelece com a população, se você não conhece o lugar? Como você pode estar ensinando uma coisa que você não se permitiu conhecer? E a Faculdade de Serviço Social, em matéria de Supervisão, pelo tipo de ensino que tem, não pode ter mesmo uma idéia sadia, decente da Supervisão. A coisa acaba se voltando muito mais para a questão interna do ensino. A preocupação do ensino, com a vida interna da instituição é uma coisa muito forte; é uma exigência! (...) não se tem aquela visão de o ensino ser parte da vida, do mundo..."

"É muito frágil a relação entre o ensino e a profissão; acaba abrindo-se um abismo entre a teoria e a prática. (...) Acho que isto há nos cursos de Serviço Social em geral, porque o ensino de Serviço Social pretende produzir conhecimento, produzir a crítica a partir daí, e não produzir profissionais! (...) É fundamental para o aluno trazer as coisas da prática para a Faculdade. Como ele não tem a Supervisão, porque não se trabalha no estágio, ele não tem o que trazer. Então, ele procura estar suprindo este 'não ter' o que trazer com o ensino. São dois momentos separados, tanto o da Supervisão quanto o do ensino. A Supervisão é importante em termos de formação profissional; o ensino também, mas são realidades diferentes. O curso de nível universitário deve pretender ser um curso profissionalizante também.

Aqui eu situo o Curso de Serviço Social. Se ele tivesse mais presente a idéia de ser um curso profissionalização, a Supervisão seria mais importante na formação do aluno. Acaba existindo esta separação porque se tem a pretensão de o Serviço Social ser um curso que prepara o aluno para a produção do conhecimento, para o questionamento do Serviço Social, para todas essas coisas. Eu, às vezes, fico me perguntando se não deveria ser um curso como de Psicologia, Medicina, que é de nível universitário, mas onde o caráter de profissionalização é mais forte. Quem quiser continuar na produção de conhecimento vai fazer Pós-Graduação, vai se preparar para isto — para a atividade acadêmica, para a atividade intelectual etc."

"Os cursos de Serviço Social têm a pretensão de fazer a produção de conhecimento já, de preparar os alunos da graduação e não enfatizam o caráter de profissionalizar; então, não preparam os alunos para o trabalho profissional e, ao mesmo tempo, supervalorizam um bom profissional competente. E aí o aluno sai sem saber nada e a Supervisão dança nesse embrulho, nesse rolo grande!"

Estevão, com muita propriedade, apresenta um quadro caricaturado, mas que dá idéia do concreto-real do curso de Serviço Social. Vários carizes importam ser objeto de análise. Na visão de Estevão, a dicotomia teoria e prática advém de elementos bem primitivos. Um exemplo é o fato de a Unidade de Ensino não conhecer a instituição Campo de Estágio e tampouco saber o que o Serviço Social e o aluno lá fazem (e eu diria o mesmo da Instituição de Estágio). Existe um ensino desconectado do contexto mais amplo, ensimesmado, o que torna cada vez maior o hiato entre este e a prática profissional. A alienação da Universidade em relação ao que está ocorrendo na sociedade limita seus conhecimentos e ações, tornando-os defasados. Além disso, na visão de Estevão, o fato de a Escola enfatizar mais a produção do conhecimento em detrimento do enfoque profissionalizante, possibilita que o aluno não saia preparado para o mercado de trabalho. Nesta medida, as instituições implicadas na formação profissional precisam se manter internamente, mas, ao mesmo tempo, serem adaptáveis externamente. Não basta um "olhar para dentro", mas, também, um "olhar de dentro para fora" e de "fora para dentro".

Outro aspecto deste tema abordado por Estevão é que as deficiências do estágio têm o seu reflexo no ensino. Se o aluno não tem um suporte na sua prática, se ele não opera na ação ou se ele executa tarefas variadas e não específicas do Serviço Social (como sobejamente as falas das alunas expressam tal problema, reportando-se ao estágio), ele tenta suprir essa deficiência via ensino.[7]

Estevão afirma, ainda, que as unidades de ensino e de Estágio podem ser consideradas duas realidades diferentes, dois momentos separados. Esta constatação dialética, se real, deve ser levada em conta. Entretanto, ensinar, tanto no âmbito teórico quanto prático, requer um esforço no sentido de superar a fragmentação e a desarticulação que ocorrem entre a individualidade institucional e a teoria e a prática — o que pressupõe conhecimento profundo da situação concreta desses elementos situados historicamente.

Apesar de a teoria e a prática serem de natureza diferente, ambas se tocam e interpenetram, já que o Serviço Social é um só (embora existam visões e especialidades variadas). O que difere é o tipo e a intenção do procedimento, por um lado voltado para o conhecimento teórico e, por outro, com o sentido de perceber e fazer o Serviço Social. Tal afirmação não quer dizer que tenhamos que nos iludir e que tenhamos que enveredar para o "sonhar a sua realização". Cabe-nos, sim, localizar e ter consciência dos diferentes problemas que as Unidades de Ensino e de Estágio apresentam, superando a um só tempo a ilusão da inexistência de dificuldades e limites e a passividade decorrente da crença da inviabilidade de qualquer mudança. "É preciso, pois, *saber fazer* e fazer *demonstrar as possibilidades do fazer*".[8] É fazendo que se pode avaliar, criticar e repensar o Serviço Social. É nesta relação de contrários que os espaços se abrem para aqueles que não se acomodam.

Urge, portanto, buscarmos mecanismos de comunicação, de relação pedagógica, de inter-relação entre estes pólos (por vezes antagônicos) e os espaços para o debate do saber-fazer organizado,

---

7. É o que a disciplina Projeto de Investigação e Prática, do terceiro ano, vem fazendo a partir do Seminário sobre "Investigação e Ação", patrocinado e realizado na Faculdade de Serviço Social da PUC/SP, em fevereiro de 1990, onde, tendo por base a análise do conteúdo programático e da situação da prática dos estágios, percebeu-se esta defasagem.

8. SILVA JUNIOR, Celestino Alves da. *Supervisão em educação: do autoritarismo ingênuo à vontade coletiva*, 1984, p. 106.

se quisermos que os sujeitos em formação aprendam as relações sociais que ocorrem em seu meio e criem um pensar próprio sobre o mundo. Nesta perspectiva, as prioridades de ensino-aprendizagem, por serem o núcleo aglutinador que dá existência ao ensino teórico e prático, deverão ser e permanecer a preocupação de fundo, geradoras das diversas medidas ocorrentes e compartilhadas por todos.

É neste contexto que a Supervisão em Serviço Social está colocada por inteiro e deve assumir a sua posição. Caso contrário, ela "dança nesse embrulho, nesse rolo grande", como diz Estevão, concluindo ao reafirmar que "o curso de Serviço Social devia ser um curso profissionalizante" e "a Faculdade devia ter um papel importante de ensino, de estar despertando a curiosidade, a vontade de aprender, de saber mais, de ser melhor profissional, para o aluno transferir isto para o estágio".

Em relação ao tema em discussão, Toledo também se pronuncia, analisando outros aspectos, apresentando sua visão a respeito. Destaco alguns, considerados relevantes:

"Nós, na profissão, não existimos sem um contexto institucional. Então as categorias institucionais seriam, também, as categorias contextuais."

"O nosso aluno está saindo, sabendo que vai ter que se empregar numa instituição. Essa instituição tem todo um jogo, tem toda uma política por detrás e que está influenciando diretamente a ação deste aluno, do profissional. Isso eu acho a parte mais importante. Eu considero a questão das políticas sociais um dos aspectos mais importantes das questões institucionais e contextuais — que é o que está dando as regras para o trabalho: o que é que você faz? E ainda tem as outras categorias institucionais — que são, talvez, além das teorias da administração, para que se possa entender melhor as questões do poder: do poder formal e informal, principalmente. A questão das alianças! Aí entra o jogo mesmo das relações do micro — são todas relações micro que o aluno estaria trabalhando — mas que são muito importantes, porque, se o aluno se perde nestas, ele vai ter muita dificuldade para entender as categorias mais amplas: por que ele está naquela instituição? O papel dela na rede institucional mais ampla, a Política Social que as orienta etc."

Toledo ressalta a categoria institucional como significativa para entender e situar a profissão no contexto maior e global, uma vez que, na atuação do assistente social, predomina a prática institucional (tanto em órgãos públicos, quanto particulares), minimizando o trabalho liberal. Essa realidade tende a fazer com que o aluno em formação conheça e tenha consciência do peso, da influência e das determinações que as instituições desencadeiam sobre a atuação profissional. Neste sentido, alerta para alguns conteúdos que devem ser transmitidos e apreendidos pelos alunos, tais como a política institucional, o poder, as regras e normas, as relações sociais que se tramam no interior da instituição etc.[9] Toledo exemplifica essa influência institucional, relatando sua própria experiência:

> "O Serviço Social está ligado aos Recursos Humanos, mas sempre numa posição muito subalterna, ou seja, operacionalizando políticas e nunca contribuindo, ou dificilmente contribuindo, para gerá-las. Exemplificando, o Citibank, onde eu trabalhei, tinha uma área só para isso, que gerava política. E, aí, tem toda uma forma de pensar, de raciocinar que nós não aprendemos e não temos acesso, e duvido que um dia entre no currículo do nosso curso — toda a parte de confecção de uma política de benefícios. Você tem que levar em conta que pode estar vendo isso e, ao mesmo tempo, estar preocupada com as questões sociais. A gente só pode ter um pouco mais de poder revolucionário se tiver acesso a essas oportunidades. Tentei, na época, entender um pouco — pelo menos qual era o mecanismo, o que não é muito fácil. Mas já deu para conhecer um pouquinho como é a filosofia da instituição. Tive pouco tempo para aprender aquilo que eu queria. Eles não dão acesso fácil."

> "Precisou-se fazer um cálculo de custo, porque não se pode chegar com proposta ingênua: 'é isso e aquilo socialmente, ou, então, dar toda aquela justificativa da produtividade que também já é conhecida. A justificativa só tem sentido se tiver um custo-benefício que interesse para a instituição, ou um custo pequeno, ou custo zero'. (...) Por detrás, há toda uma preocupação com as questões políticas, com o social, mas tem que se produzir isso na linguagem capitalista. Esse jogo, eu acho que é tarefa dentro do conteúdo do debate profissional.

---

9. Este assunto é abordado na segunda parte, quando analiso o conteúdo da Supervisão. Ver item 3.

Não adianta a gente ficar falando do marxismo na Universidade se fora não podemos falar dele ou temos que usá-lo de uma 'forma camuflada', ou seja, é uma intenção da ação — mas esta ação tem que aparecer justificada sob outra linguagem."

Toledo expressa dinamicamente como a atuação profissional está imbricada na engrenagem institucional. Tal fato conduz a que se esteja imbuída do domínio dessa engrenagem e se saiba utilizar estratégias adequadas para o Serviço Social perseguir e restabelecer o reconhecimento e o poderio profissional, o " poder revolucionário", no jogo das relações capital-trabalho.

Sabe-se que, enquanto estrutura formal organizacional, a Instituição Campo de Estágio, bem como a Universidade, sistematizamse hierarquicamente nas relações, com definições de papéis correspondentes a atividades básicas na realização de seus objetivos. Desta forma, esta estrutura organizativa é responsabilizada pelas interações e manutenções internas do sistema, nos diferentes níveis hierárquicos. Essas determinações, de um modo complexo e contraditório, podem gerar atitudes e comportamentos correspondentes ao nível do profissional, do supervisor e do aluno estagiário como, por exemplo, atitudes de dependência, de autoritarismo, de ameaça, de controle, de resistência, de passividade, de descrédito, de insegurança, de desvalorização etc. e vice-versa.

Toledo manifesta, ainda, uma posição de dependência do Serviço Social (especialmente em empresas), na medida em que ele se coloca apenas numa situação *de serviço* e não como contribuidor para engendrar políticas sociais institucionais. Percebe-se uma *certa inocência* no Serviço Social e este não avançará se permanecer com *propostas ingênuas*. E continua relatando sobre este assunto, criticando outros aspectos:

> "Por ingenuidade nossa, pode até ser, porque nós não dominávamos este tipo de malícia dentro das empresas. Hoje, a gente fica mais alerta — é uma consultoria que está contratando o Serviço Social? Vamos ver o quanto realmente dá para legitimar isto lá dentro e comprovar o poder dessa consultoria. Nós ficamos muito com os 'marxismos da vida' e não ensinamos ao aluno ler a realidade, mesmo neste aspecto, ou seja, toda parte que chamamos de funcionalismo moderno tem que ser dado e muito bem dado; aí até se pode fazer a crítica.

Porque é esta forma e essa linguagem que estão aí! Porque, por exemplo: como é que se faz uma leitura de uma estratificação social, numa instituição? Dos postos de poder formais e informais? Com quem eu procuro aliança?"

"Eu lembro o José Paulo Netto falando sobre como o pedagogo avançou, ligado à agência de recursos humanos. Há dez anos, esse cargo não tinha 'dono'. A prática foi mostrando a competência de quem deveria assumir determinados cargos e as instituições foram legitimando os profissionais e suas respectivas profissões. Os psicólogos entraram nessa, sociólogos, pedagogos, administradores de empresas, advogados, e nós ficamos naquela: 'Botar a mão nisso é sujar as mãos! Nós estaríamos servindo o sistema!' Mas quem não está? Então, nós ficamos com esta crítica desproporcional e, ao mesmo tempo, perdendo o mercado."

"Na visão do mercado cada vez se exigem linguagens novas no mundo do trabalho, que nós ignoramos por conta até dos avanços tecnológicos. Nós estamos ainda discutindo classe social! É um conceito histórico permanente? Pode até ser, mas não é o único! É importante, mas não é o único! Hoje tem a linguagem do computador. Será que tem uma proposta avançada em que você pode estar racionalizando o seu trabalho, via este instrumento? Está para se descobrir ainda! Alunos há que já estão trabalhando em instituições que têm tecnologias de ponta, possibilidades, muitos recursos que poderiam estar aumentando os seus dados — e eles não estão aproveitando porque não estão sabendo, ou não têm um empurrãozinho para isto."

Toledo desvela um assistente social não-preparado para enfrentar e situar-se na realidade de hoje. A demanda tecnológica, científica e prática hodierna exige um profissional familiarizado com tais demandas e, portanto, preparado para lidar com as inovações e mudanças constantes, que a realidade requer. Além disso, a Universidade também não prepara o aluno para enfrentar essa realidade. Na visão de Toledo; ele também vai para o estágio com esta postura ingênua. Assim ela se expressa:

"... o aluno tem um 'sentimento de ajuda exacerbado' e não considera o contexto institucional que ele trabalha. Eu acho que não é para arrebentarmos com este sentimento, com a questão de ajuda — porque o Serviço Social é uma profissão de ajuda, sem dúvida nenhuma. Não podemos negar isto! Mas temos que entender que ele tem um papel como aluno-estagiário dentro da instituição. E que papel é este?"

Estes depoimentos expressam a necessidade de uma superação do Serviço Social. Há que se ter um Serviço Social que responda às demandas atuais da sociedade. Isto significa que o curso de Serviço Social deve ser repensado racionalmente, à luz do que o concreto-real lhe manifesta. A equalização da teoria e prática se faz no próprio fazer e saber profissionais. Desta forma, um dos parâmetros da formação profissional, alicerçado na realidade, é o espaço ocupacional situado no contexto mais amplo da realidade ídeo-sócio-econômico-política.

Toledo ressalta a deficiência do ensino em não permitir ao aluno essa visão global da constituição do real do país e do Serviço Social. Esta visão crítico-analítica a conduz ao núcleo temático do ensino, o qual está intimamente relacionado à questão teoria e prática:

"Bem, eu comentei um pouco a minha concepção de educação. Eu acho que nisto há um outro desvio, dentro da proposta de currículo. A gente tem, no projeto curricular, a postura do professor e do aluno. Aquilo lá, se bem entendido, está bonito; é muito bonito! A questão de fazer o aluno pensar, a dimensão formativa e informativa, de você não idealizar o papel de aluno, aquelas coisas todas! Só que a gente não consegue pôr em prática tudo isso. Fica no chamado *Projeto Idealizado*. (...) Talvez pela atividade que o aluno desenvolve, consegue-se chegar ao mais amplo. E não a partir do mais amplo, como já fazíamos um pouco em PIP, porque o aluno se perde, enquanto ele continua cumprindo as tarefas na instituição. (...) No fundo, é isto: ele está atuando nesta rotina, e para ele não se alienar e não se embotar nesta rotina, então, leva esta rotina para a escola e a gente ajuda a questionar."

"Não adianta o discurso na faculdade quando o aluno reproduz uma prática inoperante. E, por isso, ele acha que não tem sentido este discurso com esta prática, porque ninguém faz esta ponte para ele."

Toledo faz toda uma crítica a um projeto intencional e utópico do curso de Serviço Social e a uma prática desvinculada desse projeto. Propõe, para o resgate da unidade teoria-prática, partir da vivência concreta do cotidiano do aluno no estágio e projetar-se ao mais amplo. Há de se ter presentes os momentos e as processualidades metodológicas e motivacionais no Serviço Social, exigentes de sistematização, organização, racionalização do conhecimento que ultrapasse o pragmatismo subjetivista. Além disso, o projeto de curso deve refletir a existência de um pensar coletivo e reunir as aspirações objetivas dos implicados neste processo; repensar-se os objetivos, realisticamente elaborados, os métodos e conteúdos em função de uma nova realidade. Isto não isenta que se tenha uma consciência objetiva das dificuldades e limites, das decorrentes contradições envolvidas, tornando possível um planejamento com maiores possibilidades de eficiência.

Marques também aborda a categoria institucional e elucida alguns pontos por ela vivenciados em sua prática profissional. Assim se refere:

"No caso específico, era uma instituição que enfatizava o ensino. Nestas instituições, a Supervisão é valorizada porque ela é o primeiro objetivo da prática da instituição. Por outro lado, a ação concreta dos alunos tinha as suas dificuldades, porque a atenção médica era o segundo ponto e o social, relacionado a questões da ação médica, ficava muito prejudicado em função do ensino do médico, do ensino da nutricionista, da enfermeira e do próprio assistente social."

"O pessoal fica tão fechado no âmbito da instituição que desfoca um pouco o estágio das questões de contexto, do como é a realidade por aí, do como é que os outros profissionais trabalham, do como é a questão fora da saúde, da realidade do hospital. Quando eu ia abordar qualquer questão com o aluno, sentia uma certa necessidade de puxar essas questões de fora para dentro."

"Um dia consegui da direção do hospital um trabalho que o diretor tinha feito sobre a instituição do Hospital das Clínicas. Este continha a linha administrativa da gestão dele, como ele via a instituição, e como via os serviços todos. Ele começou por objetivos. O primeiro objetivo que ele citou, muito corretamente, era: primeiro, uma formação médica; segundo, a pesquisa médico-social; e terceiro, a atenção médica. Então, o terceiro objetivo é que envolve a ação do Serviço Social e os outros profissionais. Lembro-me que começamos a discutir a função e o papel do assistente social dentro da realidade, a ligação do papel do hospital com o Serviço Social. Nós éramos ligados à Casa Civil do Palácio do Governo, por decorrência da própria Fundação instituída por Ademar de Barros, para fins eleitoreiros. Vinte e cinco anos depois, ainda não havia uma vinculação com a Secretaria da Saúde, diretamente."

Marques destaca um ponto positivo da Instituição Campo de Estágio: o fato de ser uma instituição-escola, característica esta que assegura à Supervisão um local de destaque e de importância, pois existem estagiários de diversas áreas (Medicina, Enfermagem, Serviço Social etc.) e que recebem orientação, destinando-se um profissional para assumir *de fato* tal função.[10]

Todavia, denuncia que por vezes tal particularidade institucional não isenta que a Supervisão esteja confinada a aspectos organizacionais em si, perdendo-se a visão do contexto mais amplo, da totalidade que engloba essa realidade em estudo. Ela desvela tal atitude em sua vivência supervisora, indicando a importância de incorporar os conteúdos *de dentro e de fora* da instituição como objetos de análise.

Ao descrever a instituição, Marques pontua, ainda, desvios institucionais, relatando que o Hospital das Clínicas atendeu, inicialmente, fins eleitorais e permaneceu cristalizado e inviesado na estrutura governamental, desvinculado da Secretaria de Saúde, liame este que obviamente se supõe ser ocorrente. Além disso, a posição do Serviço Social na organização é especificada como um *serviço complementar paramédico*, posição esta que limita e aponta dificuldades na operacionalização do estágio e da Supervisão, como se depreende da fala de Marques. E continua narrando a realidade árdua da prática do Serviço Social e, conseqüentemente, do estágio:

"Às vezes saímos da instituição e não agüentamos mais ver miséria humana, porque já entramos em contato com toda miséria humana que era possível suportar e oferecemos algum tipo de energia para trabalhar junto. Em plantão, com oito horas de trabalho, eu saía de lá sem ânimo para nada, porque a pessoa trazia o fundo da miséria humana. É um pouco o que os alunos nos trazem, no processo todo que eles vivem nestas instituições por aí, nos sábados e domingos, nos seus estágios."

---

10. Comumente, nas instituições de ensino, a Supervisão é reconhecida e esta função é incluída no contrato do profissional que a assume, e, muitas vezes, contratam um profissional para assumir a Supervisão para profissionais e coordenar os estágios. No Hospital das Clínicas, esta realidade existe, conforme relata Bernardes.

"Entrar em contato com este último estrato, que a sociedade deixa de lado e usa para poder construir a sua riqueza, é uma dureza! Entrar em contato com o que sobra para a profissão e com o que a profissão tem que fazer com isto — com a reprodução de força de trabalho — é pesado. Hoje em dia estamos trabalhando para manter o exército industrial de reserva, na miséria mais miserável que existe, se é que dá para sobreviver! E isto é duro! É duro para nós! É duro para o aluno entrar em contato com isto que sobra, num volume muito grande, para a profissão fazer. Abandonar ou assumir isto, eu vejo que é um dilema que fica para o aluno e para o supervisor!"

O real concreto da prática profissional mostra-nos um quadro doloroso pelo qual passa o ser humano, difícil de se compreender, aceitar e intervir. Se esta dificuldade se depreende de um assistente social, que dirá de um estagiário que se depara surpreso, chocado e inexperiente ante a realidade alienante, caótica, conflitante e opressiva do homem no contexto estrutural?

Nesta perspectiva, conteúdos extraídos das falas de Marques ressaltam a desconexão da teoria com a prática. Além de a teoria não dar conta de explicar todo o leque de dados que a realidade social nos descortina, ainda manifestam-se as deficiências do curso de Serviço Social, o qual não contempla todas as questões da prática. Veja-se:

"O conhecimento teórico nosso é ainda pouco sistematizado; o aluno se sente inseguro, porque tem pouco conhecimento e, principalmente, pouco conhecimento instrumental. Isto cria, para nós, dificuldade, porque se a supervisão é uma aprendizagem para a recuperação de conhecimentos através de vivência, o conhecimento instrumental é tão fundamental quanto o teórico... Penso que a Universidade, de forma geral, valoriza muito o conhecimento teórico."

"Os alunos de Serviço Social têm dois anos de visão de realidade e, quando chegam no conhecimento instrumental, é muito pouco o que lhes é dado. As reformulações curriculares que têm ido e vindo nem sempre oferecem uma conexão muito coerente entre o teórico e a realidade. Esta conexão seria o instrumental de mediação entre a teoria e a prática. Então ficamos sem um caminho muito delineado. Quando há o contato com a realidade, os instrumentos nem sempre estão sistematizados. Há colegas que até dominam muito bem isto. Mas os alunos não estão tendo espaço suficiente no curso e a valorização deste conhecimento não está voltada para a prática. O aluno se sente inseguro em relação a esta conexão entre teoria e prática."

Aqui Marques enfatiza a unidade teoria-prática, a unidade teoria-metodologia, ou seja, a unidade teórico-técnico-operativa no Serviço Social. Na sua visão, a Faculdade dá maior ênfase ao conteúdo teórico. A contradição se evidencia em sua fala. Há um descompasso entre o discurso e a ação, entre a teoria e a prática. O conteúdo programático do Curso não atende à demanda da realidade atual e a prática fica desprotegida do suporte teórico necessário para operar com eficácia e competência. Nesta configuração, o aluno-estagiário arca com as conseqüências, sentindo-se inseguro e não-preparado para o agir profissional.

Marques reforça inúmeras vezes[11] a necessidade de o Curso de Serviço Social ser reformulado, à medida que considera fundamental o aluno "entrar em contato com a realidade" e valorizar um espaço significativo "no curso, de recuperação desta realidade". É nesta perspectiva que ela aponta para o papel de a Supervisão ser "uma integração entre o cognitivo, o afetivo e toda a expressão disto", ajudando o aluno a fazer uma *síntese* de sua vivência, uma vez ter este um grande espaço para a teoria, especialmente nos primeiros anos do curso. Este fato a faz indagar: "como é possível transmitir só o conhecimento para o pessoal que está na lida, que está com o estagiário?" E afirma, em relação ao aluno: "Penso que se tem que situar o jovem no ensino", pois, o "início do contato com a realidade desorganiza muito o aluno", levando-o a se desestruturar um pouco ante os papéis que desempenha.

Outro aspecto que reflete e compromete o conteúdo do curso é o fato já citado por Toledo e que Marques também dá destaque: de acentuar-se o conteúdo marxista desviante no curso de Serviço Social em detrimento da instrumentação e da abordagem individual. Além disso, a formação profissional, direcionada sob esta vertente enviesada e o não-domínio do docente desse veio, desencadeou em conteúdos ecléticos no curso e a perda de um caminho: "ficamos sem um caminho muito delineado"; e Toledo esclarece a respeito

---

11. Ver item 2.3, 2ª parte, em seus depoimentos, quando Marques fala sobre o conteúdo da Supervisão.

quando afirmou que "por conta da deteriorização da nossa proposta de trabalho... a gente se perdeu muito... não sabíamos bem o que oferecer. Era uma situação de muitas dúvidas, de muitos 'vai e vem'"! E continua:

> "Não aproveitamos as oportunidades e ficamos numa crítica imobilista da profissão — 'isso eu não faço' e, ainda, ficamos naquela: 'botar a mão nisso é sujar as mãos'. Nós estaríamos servindo o sistema! Mas quem não está? Então nós ficamos com esta crítica desproporcional e, ao mesmo tempo, perdendo o mercado (...) Eu acho que nós ficamos muito com 'os marxismos da vida' e não ensinamos ao aluno ler a realidade."

O aspecto mais sério disto, é que o profissional docente, sentindo-se patrulhado, como Marques e Toledo expressam, passa a adotar uma postura dual e contraditória, que o conduz a ter um determinado discurso acadêmico e outro discurso na instituição externa. As profissionais têm consciência dessa situação e desse impasse, o que se desvela em vários momentos de seus discursos. Porém esta dualidade de discurso e os vetores acima apresentados, refletem na prática, que passa a não ter consistência, o que tão clara e funestamente se evidencia na segunda parte, quando é discorrido sobre o desempenho do agir profissional. Neste sentido, os profissionais têm percepção de sua defasagem em termos de conteúdo teórico: a marca da insegurança e despreparo se torna patente.

Tais colocações são polêmicas, inerentes à profissão, e remetem ao terreno contraditório entre o saber-fazer e o saber-teórico. Acredito que justamente esta contradição cria o espaço para o debate, na medida em que se identificam diferenças (no fazer e no saber) em que se buscam caracterizá-las e configurá-las no contexto da profissão e da realidade social.

3.2. Concepção das supervisoras sobre as unidades Organizacionais relacionadas ao estágio supervisionado x teoria-prática

Quanto às supervisoras, também se posicionam a respeito desse núcleo temático. Rodrigues Marques faz em seu discurso um confronto entre a instituição-estágio e a entidade-ensino, apontando diversos aspectos conflitantes:

"A faculdade não dá preparo para o aluno iniciar o estágio. O que você tem que fazer quando o aluno chega ao estágio? Tem que começar tudo de novo. A faculdade dá teoria, mas não sei o que acontece que a coisa não fica clara, nem aprofundada, introjetada no aluno. Quando você quer discutir alguma coisa da teoria da Faculdade, o aluno não consegue exprimir as informações que está recebendo, o que ele ouviu."

"Acredito que, agora, o nível de ensino está muito mal — pelos conhecimentos dos estagiários e pelo que eles me falam. Não está se transmitindo uma teoria que vá ser útil realmente no trabalho. Por exemplo, uma estagiária está implantando conosco o Serviço Social numa obra. Fomos fazer juntas as pesquisas, contatos, planejamento. Chegou na hora do planejamento, ela não tinha claro como fazer um plano de trabalho. E foi uma dificuldade. Foi muito difícil para ela. O que o pessoal diz é que na Faculdade não se deu este tipo de coisa, enquanto teoria. Fala-se de macroestrutura, macroplanejamento, mas na prática alguém que vai numa Obra Social para implantar um trabalho não tem base. Enquanto experiência de estágio, poderia ser muito mais rica, se não tivesse que perder esse tempo de transmitir uma série de conhecimentos, teóricos, que deveriam ter sido dados pela Faculdade. Você poderia estar discutindo esta teoria, aprofundando ou adaptando-a para aquela situação específica; mas você começa do zero, até chegar (...) a fazer um plano, por exemplo."

"A faculdade, e isso eu falo para as estagiárias, dá assim pinceladas, caminhos para você pensar no assunto."

Rodrigues Marques faz um diagnóstico da situação real como recebe o estagiário e remete a questão à fragmentação e descompasso teoria-prática, ou seja, o curso de Serviço Social não vem preparando o aluno para assumir a sua prática; este vai para o estágio com conteúdo teórico-metodológico falho e não-apreendido. Denota-se na fala da supervisora, que a passagem do ensinar para o aprender não acontece, ou pouco ocorre. Tal fato leva o supervisor a ter que cobrir esta defasagem do aluno, acumulando as suas funções. Além disso, a teoria transmitida na Faculdade não tem o seu rebatimento na prática. Ela faz a crítica que Marques e Toledo também fazem — do curso ficar mais restrito ao nível de macroteoria e não especificá-lo, operacioná-lo adequadamente para o agir cotidiano profissional. Nesta medida, o supervisor tem que suprir as lacunas do curso, o que demanda tempo, em detrimento do próprio desenvolvimento do estágio. Tal crítica, todavia, não quer dizer que Rodrigues Marques, enquanto supervisora, não deva aprofundar junto com o aluno a teoria passada pela faculdade.

E ela continua, apontando as contradições existentes na relação desses dois segmentos no processo ensino-aprendizagem (instituição de Estágio e de Ensino):

"Já houve ocasiões em que eu tentava dar espaço e discutir, mas simplesmente o estagiário não tinha parâmetro para ver o que estava sendo bom, o que não estava, o que precisava mais, aonde ele queria aprofundar mais. É uma coisa seriíssima, quando isto acontece com alunos de quarto ano. Eu não sei se isso não é uma questão da própria Faculdade, também, que não está discutindo isso com os alunos. Ou, se os alunos não têm a teoria para estar discutindo e avaliando seu próprio estágio. O que eu ouço de muitos deles é isso: a Faculdade transmite uma teoria muito ampla e muito pouco específica de Serviço Social; específico de uma prática real que elas têm. Essa questão da supervisora ter que também cuidar da formação teórica é muito séria. Outro assunto é a questão do relacionamento Faculdade-supervisor. A não ser no início do estágio para assinatura dos contratos etc., não tive mais nenhum contato com a faculdade."

"Deveria haver mais contato entre Faculdade e supervisor. Acho que não é nem contato, é mesmo discutir e fazer juntos um plano de estágio geral. Você, às vezes, sente-se muito sozinho, dando Supervisão. A gente já tem o trabalho, que é difícil coordenar. Supervisão é só eu que dou. Então, você já se sente na Obra, com um trabalho diferente dos outros, que de certa forma é sozinho."

"Você se sente meio só, para estar planejando o que você vai fazer nesta Supervisão, para estar avaliando o andamento daquele aluno. Sem a faculdade, a dificuldade é maior."

"Você tem a sua visão sobre o trabalho de Supervisão e não tem oportunidade de estar trocando e discutindo o assunto com outras pessoas envolvidas neste trabalho; mesmo os objetivos da Faculdade, por exemplo, para esse aluno. Inclusive uma supervisora conhecer a outra; saber o que ela está fazendo, ou o que eu estou fazendo, achar novos caminhos. Do modo como acontece, você fica com uma visão restrita do processo educacional e você passa essa visão para as estagiárias."

"Finalizando, o estagiário dá trabalho! Quando se fala de mão-de-obra barata — pode ser até que alguns lugares seja! Mas, se você assume o estagiário e dá uma Supervisão efetiva, você está preocupado que ele realmente seja um técnico responsável, coerente, e isso envolve uma sobrecarga de trabalho para o técnico supervisor."

"Já se levantou a discussão de se remunerar o supervisor! Eu acho que é uma coisa para se pensar! Se você assumir realmente a função de supervisor, você passa a ser mais um professor da Faculdade; só que não tem a assistência mínima para desenvolver esse trabalho. Isso é uma coisa muito séria! Se você levar a sério o processo de estágio e de Supervisão, o estagiário lhe dá mais trabalho do que executa. Eu acho que, no mínimo, deveríamos ter mais respaldo teórico e participar mais do que está acontecendo na faculdade."

"Estar entrosado com os professores, para conhecer, fazer parte! Na exigência do estágio, você faz parte; mas, na hora de se integrar em um processo de educação, você deixa de fazer parte — então, fica uma coisa, assim, separada. (...) Não sei se está dando para entender! Acho que a coisa deve ser muito mais integrada, não sei como — mas acho que deveria ser! O supervisor fazer parte da reunião de professores! Você recebe os planos de toda a matéria do ano (...) Mas uma coisa é você ter no papel e outra é a questão do professor, de você estar num processo! De como aquela classe está? O que foi discutido? De estar realmente fazendo parte do processo de educação da Universidade! Acho isso importante!"

Percebe-se que, à medida que Rodrigues Marques avança em sua análise sobre o binômio teoria-prática, considera grave o despreparo do aluno, especialmente em se tratando de 4° ano. Desvela indagar: a gênese desta discrepância está na forma ou na teoria que se pretende passar para o aluno? Novamente ela denuncia a cisão entre a teoria e a prática e o fato de a Faculdade não estar assumindo o seu papel na formação teórica do aluno. Mas o real do agir profissional solicita e cobra este conteúdo teórico-metodológico e, então, a Faculdade delega, enviesadamente, este papel para o supervisor assumir, o que é muito grave. A questão não é tão catastrófica se o supervisor tem estrutura e competência e acaba acobertando essa defasagem; mas no caso de o supervisor não assumir o seu papel (como dados confirmam neste capítulo e no seguinte), como fica a questão da formação profissional? Não é à toa que Estevão desabafa: "parece entrar no mercado de trabalho jovens já decepcionados com a profissão!"

Rodrigues Marques revela dar importância significativa à Supervisão, bem como o seu planejamento ser realizado em conjunto com a Faculdade. A isenção da Faculdade neste processo de ensino-aprendizagem, ou seja, de não integrar o estágio onde está o aluno e o supervisor com o curso, torna o processo truncado e difícil. Como pode o supervisor acompanhar o aluno, se sequer obtém da Faculdade o programa do curso? Como pode orientar o aluno em sua prática, se desconhece o referencial teórico e os eixos norteadores do Curso, porque não há uma mínima integração, contatos, reunião etc.? Como vai supervisionar, se não tem a visão da totalidade do Curso?

A supervisora expressa sua necessidade de integrar, de trocar, de discutir, de inovar, de planejar, de avaliar junto com a Faculdade o processo da Supervisão. Ela tem consciência de que, se não for desta maneira, o processo educativo subsiste negativo; concepção esta que, fatalmente, será repassada ao aluno-estagiário. Na visão de Rodrigues Marques, o supervisor é o professor da prática e, se assim o é (ou deve ser), cabe à Faculdade dar cobertura teórica e pedagógica às necessidades do supervisor nesta questão. Além disso, o supervisor deve *fazer parte* de todo o processo educacional do curso como Marques apela em sua proposta, o que seria o mínimo que a Faculdade devia fazer. O supervisor deve ser reconhecido *de fato* pela Faculdade, ou seja, além de 'fazer parte', deve ser reconhecido o seu papel, sendo pago pelo seu trabalho. Há necessidade de regulamentar legalmente a função de supervisor. Urge sair do "fazer de conta" ("na experiência do estágio, você-supervisor faz parte; mas na hora de se integrar em um processo de educação, você deixa de fazer parte; então, fica uma coisa assim separada", diz Rodrigues Marques), urge sair do imobilismo, aguardando "a boa vontade", "o voluntarismo", "o idealismo" de profissionais que querem realmente ser supervisores responsáveis e coerentes no desempenho eficiente de seu papel. O processo ensino-aprendizagem não pode ser um processo fragmentado e estanque (processo é dinamismo, movimento) e há de se superar as inúmeras e diferentes dificuldades e necessidades aqui contempladas, bem como outras que estão afetas à formação profissional. Urge definir como implementar e executar de forma eficiente a ação supervisora.

Chuairi também esclarece sua visão a respeito, sendo partidária de algumas colocações de Rodrigues Marques:

"Embora eu mesma veja o supervisor como um professor de prática profissional, é estranho notar que ele não está vinculado ao corpo docente da Faculdade. Ele não tem conhecimento efetivo do conteúdo básico do ensino e do cotidiano da Faculdade."

"Em relação ao ensino-aprendizagem, um dos aspectos é que nem sempre você está acompanhando a etapa que está sendo dada na Faculdade..."

"Acredito que a função do supervisor é contribuir para essa ligação, também, entre teoria e prática. O mais comum que eu vejo é: o supervisor não aprendeu alguma coisa na Faculdade e ele não tem como aplicar — que é outra coisa frustrante para ele. Exemplificando, ele aprendeu um trabalho de comunidade e vem para a instituição e esta atende individualmente; não está interessada em fazer um trabalho de comunidade. Isto vai dando uma defasagem e uma frustração, tanto para o estagiário, como para o supervisor."

"Muitas vezes a supervisora é criticada, muito condenada. Ela tem pouco retorno! Ela não tem o momento dela — não tem um Curso de Supervisão onde ela vá se atualizar. Se ela está desatualizada é porque não tem um respaldo, uma reunião da Faculdade; alguma coisa que desse preparação profissional ao supervisor. Mesmo nas reuniões da Faculdade — a reunião é com o supervisor, o estagiário e o Departamento de Estágio. Ele não tem o momento dele só! (...) Aparece esta questão também: 'Puxa, agora vou dar estágio e Supervisão e ainda tenho que ir à Faculdade e à reunião etc...' Começa a ser uma sobrecarga para ele. Não quer dizer que tudo está no supervisor. Mas acho que o supervisor tem muito pouco retorno! Seja do próprio estagiário — depois que ele vai embora da instituição, você perde o contato; você não vê, a longo prazo, como é que foi esta formação dele, seja da própria Faculdade. Então, não é uma coisa que está retornando para você!"

Chuairi também considera ser o supervisor o professor da prática e, no entanto, não ser assegurado como tal. Ela, também, não se sente parte integrante da Faculdade, como Rodrigues Marques.

Novamente o movimento dialético teoria-prática se faz presente. Chuairi não sabe o que se passa na Faculdade, qual conteúdo está sendo dado, à medida que o ensino e o estágio se desenvolvem — aspectos estes também manifestados por Rodrigues Marques.

Os descaminhos, os descompassos entre a teoria e a prática, entre o supervisor e o estagiário, entre o curso e o estágio e a pulverização de seus substratos tendem a levar a frustrações, tanto ao supervisor, quanto ao estagiário, como as três docentes reforçam.

Chuairi desabafa o fato de o supervisor ser censurado e rejeitado ante sua atuação perante a Faculdade. A postura paradoxal aqui se revela; à medida que há esta recriminação por parte da Faculdade, esta também é acusada pelo supervisor, pois não lhe dá o respaldo e o retorno necessários para a sua formação supervisora. Ante o favor que ele presta à Faculdade, esta parece cobrar algo em troca pelos seus serviços, que redunde em prol de suas carências profissionais, de reciclagem, de conhecimentos e de experiências. Neste sentido, Chuairi cobra a realização da reunião de supervisores, do curso de Supervisão e de outros eventos de atualização. O supervisor pode sentir-se explorado e considerar a Supervisão como um peso, um sobretrabalho, como Chuairi expressa: "Puxa, agora vou dar estágio e Supervisão e ainda tenho que ir à Faculdade e à reunião etc...". E ela continua explicitando sobre o mesmo núcleo temático:

> "Apesar de o assistente social estar despreparado para dar Supervisão, ele não tem muito respaldo da Faculdade. Primeiro porque ele não procura. É difícil ele entrar em contato e fazer algum tipo de questionamento ao Departamento de Estágio da Faculdade. O único contato, que ele muitas vezes tem, é o do início do estágio, quando ele está pedindo o estagiário, porque tem vaga, e quando faz a avaliação do estágio, no final. Então, a comunicação fica falha e começa uma série de situações assim: 'o estagiário diz que não entregou, não recebeu documentação'. Eu nunca sei se é o Departamento de Estágio que está mandando atrasado ou o estagiário é que não traz para mim, em tempo hábil. E, muitas vezes, você aceita isto e não vai atrás da informação."

> "É certo que eu acho difícil esse intercâmbio, pois a Faculdade, o supervisor e o estagiário — cada um deles — têm suas experiências,

vivências, dificuldades e, de repente, essa proposta de Supervisão pode até ser inviável. Acho que deveríamos estar procurando novas alternativas."

"Mas isso é uma tendência da gente, de tudo estar departamentalizado, fragmentado. Exemplificando, eu dou uma supervisão aqui dentro da instituição. Mas eu não consigo, como profissional, ligar essa Supervisão junto com a Faculdade; eu acho que devia ser um momento só. (...) Observo que, se tudo está compartimentalizado, o aluno também começa repetindo o mesmo tipo de comportamento. Ele também só procura o Departamento de Estágio quando ele precisa de alguma coisa: porque está precisando de atestado, ou porque está querendo reclamar, ou está querendo falar mal do supervisor, ou porque ele não gosta da aula de Prática Supervisionada. A razão da procura é mais reclamar. (...) ...às vezes, tenho a impressão de que a Faculdade investe no estagiário e perde o contato do que está acontecendo; ela perde a informação no meio do caminho, ou porque o estagiário não vai passar, ou porque a Faculdade não acompanha, ou só acompanha na teoria... não sei, mas quase sempre acaba se perdendo a informação. A gente perde o material humano muito rico nesse sentido da Supervisão."

Chuairi analisa a situação agravante de o supervisor, além de estar despreparado, apresentar-se acomodado e não seguir o aluno em seu processo de aprendizagem. Por vezes, a iniciativa da integração Faculdade x Estágio não parte do supervisor. A partir disto Chuairi, do mesmo modo que Rodrigues Marques, denuncia que a relação Instituição Campo de Estágio e Faculdade ocorre somente por contatos formais, necessários apenas para iniciar o processo do estágio e para a entrega da avaliação. Maquina-se um jogo de comunicações e não se desvendam as dificuldades e fragilidades por este criado, pois nem o supervisor, nem a Faculdade, procuram inteirar-se do que está acontecendo. Nesta trama é o aluno que está em jogo, o que se agrava quando ele também adere e sucumbe à malfadada postura inerte, reproduzindo e sofrendo o rebatimento do que aflui nessa relação Estágio-Faculdade.

O panorama dicotomizado do curso, da teoria-prática, de um conteúdo fragmentado e macroscópico, vislumbra não atender à demanda real do aluno e da ação profissional hodierna. Chuairi retrata esta realidade:

"Então eu saí do curso com uma idéia muito maravilhosa! Depois, quando fui para a prática, é que eu fui tropeçando e vendo muita limitação, muito problema de como é que você vai lidar com essas questões da instituição. Que estratégia você vai ter? Eu acho, também, que a gente se acomoda de vez, ou tem que pegar as armas e ir para a luta e enfrentar o patrão. Quando a gente se forma, é bem assim: acha que vai resolver tudo! Todos os casos!"

"Às vezes você trabalha numa instituição fechada, que está passando por determinadas mudanças — então ela oscila muito, entre períodos e/ou atitudes mais radicais ou mais abertas. E o estagiário vem despreparado para isso (às vezes, até o profissional está despreparado para trabalhar com isso). (...) Outro aspecto, que merece atenção na Supervisão, é de que, muitas vezes, a estagiária é para a Instituição uma mão-de-obra barata, de baixo custo, quando não voluntária. Ela vem para ajudar o assistente social a arquivar, fazer levantamento, fazer estatística etc. — é a estagiária tarefeira. Não há uma preocupação de que o estagiário está se formando e que, de repente, ele 'é um profissional no mercado de trabalho. Aqui, também, não se pergunta que tipo de formação e que tipo de profissional o estagiário será? Isto evidencia um comprometimento na formação profissional e configura uma situação de exploração de estágio. Eu acho que nem o assistente social e nem o estagiário dão importância para isso."

Tanto o aluno quanto o supervisor podem partir para o agir profissional com um projeto idealizado, sem ter consciência do real-concreto que os espera. O rebatimento desse intencional na limitação, contradição do real institucional pode levar ou a assumir esta realidade e enfrentar as posições antagônicas e frágeis, ou a acomodar-se ante a agudeza da luta a ser travada. Quando não se tem o conhecimento adequado e não se traça um determinado caminho a percorrer, corre-se o risco de devanear e esperar no que vai dar, cristalizando-se no *laisser-faire*.

Tal configuração merece destaque maior quando a Instituição de Estágio intencionalmente usa o estagiário como mão-de-obra de baixo custo e tanto este quanto o supervisor acatam tal situação. Como fica a formação profissional? O espaço ocupacional do estágio não pode ser confundido com o que comumente retrata e se espera do assistente social no mercado de trabalho. "Portanto, a preparação para a profissão não pode ser confundida com a preparação para o emprego..."[12] É algo mais que cabe ao Serviço Social desvendar e redefinir.

Se no seio da categoria profissional já existe algum debate no mundo das idéias sobre esta questão, parece-me que este ainda não rebateu nesta relação Faculdade-Estágio. Urge fazê-lo, pois só assim há condições de ultrapassagens; o mínimo esperado e que se tem a propor e executar, nesta perspectiva, é que haja uma relação pedagógica organizada, planejada entre a Faculdade e a Instituição Campo de Estágio.

Quanto à posição de Bernardes sobre a questão das Instituições de Ensino e Campo de Estágio e sobre a relação teoria-prática, toda a sua entrevista está entremeada deste conteúdo. Em alguns trechos ela apresenta algumas características da Instituição Campo de Estágio:

"A rotina aqui é importante, porque é uma instituição muito grande, e, de repente, tem-se que fragmentá-la: fulano faz isso, mas não podemos perder nunca a visão crítica, porque, senão, vai se formar um assistente social já com a Instituição na cabeça, fechada naquilo! (...) como ficam as correlações de forças? Aqui há feudos. Em cada Ambulatório e em cada Clínica existem os senhores feudais; os professores que são força maior! Existem também os políticos e as alianças que devem ser feitas. Hoje houve uma reunião com o objetivo de fazermos uma aliança, porque nós temos que preservar o paciente! Será que é o momento deste descaminho? Porque depois todo mundo quer ir à televisão mostrar o resultado da coisa, como acontece com a obstetrícia, a gineco e outras atividades..."

"Eu acho que mantemos o aluno por teimosia; apesar de que, em teoria, o objetivo da Divisão coaduna também com o objetivo da Instituição Hospital das Clínicas, na medida em que o primeiro objetivo do Hospital das Clínicas é o ensino e não a assistência. Eles querem ter um número pequeno de casos de cada patologia; não se precisa ter grande número de casos para poder estudar. Entretanto, o Serviço Social é 'assistência'. Aqui surge um choque. Mas nós temos ensino também! Só que, enquanto um assistente ganha para ensinar, o médi-

---

12. YAZBEK, Maria Carmelita et al. "Projeto de Revisão Curricular da Faculdade de Serviço Social — PUC/SP". *Serviço Social & Sociedade*, n° 14, p. 65.

co ganha mais para ficar com o aluno dele... A qualidade de nosso trabalho sofre. A gente tenta dar uma melhor qualidade, mas sabe que ainda falta muita coisa! (...) ...eu quero lhes (aos alunos) mostrar o gancho, quero que eles vejam que os bloqueios da Clínica não são nada mais e nada menos do que o bloqueio de uma Secretaria de Saúde, do Ministério de Saúde e que aqui dentro a gente reproduz tudo isso; é o ideal? Não! Estamos muito longe disto! Mas pelo menos a gente tem uma visão do que ocorre na realidade dessa Instituição, como outra qualquer; é igualzinha a outros órgãos de Estado, ao nível administrativo, e reproduz igualzinho. Não tem verba lá, aqui se sofrem as conseqüências; o governador é simpático, o superintendente é simpático, então é uma coisa. Não é simpático, é de outra posição ideológica, política partidária, é outra coisa! A visão do todo é importante. Acho que isso vai formar um profissional crítico e para nós isso é muito importante, porque não tem coisa mais chata que um profissional acomodado. Mas o que ele vai fazer aqui dentro da Instituição? Tem a visão crítica, têm as normas; existem as normas que, às vezes, até massificam um pouco. Mas acho que temos uma coisa importante: o assistente social, na sala dele, não tem nenhum chefe, ninguém ali o torturando porque ficou 20, 30 ou 40 minutos com o paciente. Se ele tem até uma postura ideológica meio diferente, pode até lidar com o paciente a seu modo. Se ele acha que é uma reflexão, uma forma mais revolucionária, se ele acredita que o paciente seja realmente um elemento multiplicador lá fora, que ele pode estar levando, até fazendo movimento, pode agir assim."

Bernardes expressa com transparência vários aspectos relacionados à Instituição Campo de Estágio, revelando as limitações da Instituição e do Serviço Social pela fragmentação dos serviços prestados aos usuários pela estrutura organizacional, pelas normas, pela ideologia e a política partidária por vezes permeando a atuação profissional, pela escassez de recursos humanos e econômicos, pela competição entre os técnicos, travando lutas, conchavos, alianças pelo poder e pelo trabalho, pelas dicotomias existentes, exemplificando as diferenças de salários entre os técnicos, gerando conflitos, pelas contradições entre o ensino e o serviço, entre os diversos objetivos da instituição, entre outros. Tais nuances se agravam quanto mais complexa for a instituição. Bernardes apela para a importância de se ter planejado um fluxograma dos serviços prestados pela instituição, embora, muitas vezes, tal procedimento rotineiro, em instituições de grande porte, possa levar a que estes mesmos serviços não se integrem.

É relevante assinalar que o discurso de Bernardes vislumbra um dinamismo no cotidiano do fazer institucional, onde o contexto ídeo-sócio-político-cultural está sempre presente. Neste sentido, clarifica ser a instituição um reflexo do que ocorre no contexto maior do poder, ou seja, ela reproduz as correlações de forças existentes no âmbito maior da sociedade. Ela chama a atenção para não se perder a visão de totalidade, embora o real muitas vezes seja fragmentado nesta realidade; expressa a necessidade de uma postura crítica contínua, se se pretende resguardar a qualidade na atuação profissional (embora ela considere difícil; mas não impossível).

Contudo, Bernardes ressalta positivamente a autonomia profissional, no momento em que o assistente social está exercendo a sua prática junto ao usuário ("o assistente social na sala dele, não tem nenhum chefe, ninguém ali o torturando... pode até lidar com o paciente a seu modo") — quando se sente à vontade e legitima a sua ação, não havendo interferência institucional. Tal fato denota que o assistente social tem, na instituição, o seu espaço profissional resguardado e respeitado. E Bernardes prossegue no temário, destacando a relação Instituição Campo de Estágio com a de Ensino e os impasses que essa relação pode gerar:

> "Mas a gente nota que essa ponte é muito fragmentada: Instituição Escola, Instituição Campo de Estágio. Tudo atrapalha; por exemplo, na Faculdade tem reuniões de supervisores. O supervisor não gosta mais de ir à reunião porque chega lá e se conversa de tudo, menos de Supervisão, dizem alguns assistentes sociais. E também há má vontade do profissional, porque é fora do horário de trabalho dele e ele já se programou. Então, a gente tenta através de programa: uma vez ou outra vai alguém daqui lá, vai alguém daqui na outra Faculdade mas não é fácil manter uma linha assim bem paralela."
>
> "O que eu mandar está bem! A gente não tem 'feedback', não. Só temos aluno! Só isso! Não recebemos retorno da Faculdade. (...) Eu acho assim cada Instituição faz mais ou menos o que quer. Não existe aquele compromisso de um canal forte entre a Instituição Escola e a Instituição Campo de Estágio. (...) A relação entre uma e outra Instituição, a Faculdade e o Hospital, deveria ser mais próxima! (...) Nas faculdades existem as falhas de ensino, da teoria também. (...) Enfren-

tamos aqui o problema da sincronia entre o que é ensinado na Faculdade e a prática que supervisionamos. Por exemplo, o estagiário está coletando dados sobre o paciente, vai fazer diagnóstico e, a partir daí, entra com a intervenção. Eu acredito que é importante a conduta que nós adotamos em relação ao aluno aqui dentro. E recebemos, em troca, o retorno que dão os nossos estagiários."

"Como é a prática que a gente propõe? Nós somos funcionalistas? Todo mundo tem vergonha de falar: nós somos funcionalistas! Será que teria alguém para estar falando para nós sobre fenomenologia ou dialética? Se nós tivéssemos uma ligação maior com a Instituição-Escola, poderíamos estar resgatando isto junto com os alunos, enquanto nós estamos na prática. A Faculdade precisa que o aluno tenha a prática. Eu acho que, em alguns níveis, poderia ser mais estreita essa ligação e as duas Instituições se conhecerem mais."

Por diversas vezes, Bernardes (especialmente quando aborda sobre a matéria-prima da Supervisão, na segunda parte desta obra), apregoa a relação teoria e prática, e atribui ao supervisor fazer a *ponte* entre elas. Contudo, mostra que essa relação e a da Instituição Campo de Estágio com a de Ensino é muito dicotomizada, contraditória e fragilizada, indicando vários aspectos. Um deles é a lacuna do ensino e do papel da Faculdade, na instância que lhes cabe em relação ao estágio do aluno, como as demais entrevistadas, também, salientam. A supervisora pontua a necessidade de uma maior aproximação e conhecimento entre as duas instituições implicadas no processo ensino-aprendizagem do aluno. Denuncia, como Rodrigues Marques e Chuairi, o fato de o supervisor não ter o retorno devido de sua ação, por parte da Faculdade, acabando, cada qual, fazendo o que "bem entender", sem haver um entendimento e um planejamento sobre a questão do estágio, e, cada um, de *per si*, ingênua e credulamente, tendo a pretensão de perseguir a formação profissional do aluno.

Bernardes conclui, reafirmando pontos já destacados:

"Ao mesmo tempo que trabalhamos com o supervisor, trabalhamos com o aluno, para que haja uma integração maior. Seria a relação entre o ensino lá e aqui. Essa relação é uma preocupação muito grande nesse aprendizado, na Instituição-Escola, e mostra para o aluno o peso dele na prática. (...) Essa preocupação de colocar a teoria deles na prática, de viabilizar essa prática é muito grande e sentimos o aluno com uma ansiedade muito forte neste sentido. (...) Eu acho que nós contribuímos para a formação desse aluno, só que não é 'mar de rosas', porque temos, de repente, um aluno que troca de supervisor, só que este último está meio fraco em relação à teoria e ele tem que fazer gancho com o aluno sempre. Então, como é isso? E numa instituição você não pode obrigar ninguém; não tem nem prêmio e nem castigo! A gente pergunta: quem está disposto a pegar o aluno o ano que vem? Tem os interessados."

Desvela-se em seu depoimento a preocupação com a unidade teoria e prática. Manifesta a relevância de tanto o supervisor e o aluno quanto o ensino e a prática estarem integrados e adequados, tornando exeqüível a sua operacionalização. Revela a contribuição que a Instituição Campo de Estágio faculta para a Faculdade, apesar das determinações e limitações institucionais e de o profissional supervisor não ter o seu reconhecimento por parte de ambas as instituições referidas e, especialmente, pela Instituição de Ensino, a quem compete a primazia da responsabilidade do processo educacional, entendida em sua totalidade.

3.3. Visão das estagiárias sobre as unidades organizacionais relacionadas ao estágio supervisionado x teoria-prática

As alunas estagiárias também opinam sobre o assunto em pauta. Notemos Gonçalves:

"Muitas vezes entra-se numa instituição com um objetivo fixo, com uma proposta de trabalho e uma linha de trabalho determinada. Chegando à instituição, percebemos que ela tem outros objetivos, e o jogo de poder é tão forte que acabam se sobrepondo aos objetivos dos profissionais. Estes deixam de lado os objetivos deles, enquanto profissionais, e ficam com os objetivos da instituição — reproduzem a instituição e deixam tudo aquilo de lado: (...) Se você é um profissional que tem consciência e está em choque com a instituição, é porque você sabe que a instituição está aí só para reproduzir, só para prestar serviços para a população — é uma coisa importante! (...) Enquanto estagiários, nós deveríamos colocar, também, certas barreiras, apesar de que todo o trabalho na instituição é muito difícil. Eu estava uma vez pensando — se a gente trabalhasse mais junto a movimentos sociais, acho que atuaríamos melhor do que na instituição — onde tem muito poder em cima da gente. Você vai fazer uma coisa e acaba não podendo fazer. Não é questionado porque não pode fazer! Não se pode, não se pode! Não tem este questionamento! Os profissionais atuando mais com movimentos sociais, daria um bom crescimento para a profissão, porque hoje as instituições não oferecem mais nada para o profissional."

Gonçalves retrata e complementa a análise de Bernardes em relação à reprodução do poder nas instituições e o quanto suas características próprias limitam, afetam e dificultam o trabalho do assistente social. Tal constatação leva a aluna a fazer uma proposta de atuar em movimentos sociais e não em instituições. Contudo, sabe-se que, mesmo em movimentos sociais, existe a correlação de forças, fazem-se coligações corporativistas, muitas vezes embotando a participação dos engajados no movimento. Além do mais, qualquer movimento está relacionado a uma instituição (igreja, partido político etc.), embora não sofrendo tão rigidamente em seu encaminhamento o peso institucional.

Dando seqüência, Gonçalves situa sua maneira de perceber as instituições Campos de Estágio e de Ensino:

"Em relação à Faculdade e à Instituição de Estágio — eu acho que deveria ter uma integração entre elas, porque fica assim: uma de cada lado e o estudante no meio. Daí, ele escuta uma, escuta outra, né? Deveria ter um trabalho em conjunto entre as duas. Eu nunca soube que a Faculdade foi até à minha instituição para saber quais os programas que ela desenvolve. Na realidade, o que ela desenvolve? A gente sabe que fica no papel! E se sabe, também, que o que está no papel, não é, muitas vezes, o que se faz. Então, se houvesse uma maior ligação entre Instituição e Faculdade — o que não tem! A gente percebe pelo baixo índice de freqüência dos supervisores nas reuniões. Se convocam cem, se vem vinte é muito! Se tivesse o acompanhamento da Faculdade, a gente poderia estar analisando porque esta instituição é assim; por que ela não poderia ser de outra maneira? Na verdade está assim — uma de um lado, com um papel e outra, de outro lado, desenvolvendo outro papel, e não se pensa no estagiário que está no meio, sofrendo interferência dos dois lados. Deveria ter mais ligação, para o estagiário também se sentir mais seguro do que ele está fazendo."

Gonçalves, afinando-se novamente com Bernardes e com Rodrigues Marques, critica a ocorrência de as duas instituições, tacitamente envolvidas no processo ensino-aprendizagem atuarem de per si e de forma estanque. Acusa a Faculdade por não conhecer e acompanhar de perto a Instituição Campo de Estágio. Manifesta o hiato entre o discurso e a ação, entre o que as instituições se propõem e o que executam. Contudo, critica a Instituição Campo de Estágio, ao discorrer que o supervisor não comparece às reuniões de supervisores, realizadas pela Faculdade, o que corrobora com a não-integração entre ambas. Desaba em relação à posição de supervisores que não assumem sua função supervisora:

> "Porque, por exemplo, quando a gente leva uma correspondência da Faculdade e daí: 'Ih, lá vem!... tem que assinar o papel'. Ele não está preocupado porque tem que se assinar aquilo, porque estão chamando para uma reunião de supervisores e falam: 'Ah! é a mesma reunião baboseira de sempre!' (...) Na Instituição eles falam em compromisso! Mas que compromisso é esse? Não tem compromisso!"

E em sua visão, interfere conclusivamente ser o estagiário o que arca com as conseqüências funestas dessa carência, dessa não-integração e dos impasses entre a teoria e a prática.

E prossegue com sua argumentação, destacando outros pontos relevantes da contradição teoria-prática:

> "A PUC/SP passa para nós uma linha de pensamento, uma realidade e chegamos na prática e vemos que é totalmente diferente (..) Aprendemos uma coisa e na prática é outra, e daí nos confundimos. O que se vai fazer? Você vai querer levar a teoria para a prática? Não dá certo, não se encaixa! E aí? Fica uma miscelânea na cabeça da gente! Não se faz nem uma, nem outra adequadamente. Não dá um gancho entre a teoria daqui e as práticas das instituições. (...) Como eu disse, a Faculdade dá uma linha de pensamento, de ver a realidade de uma maneira; o estágio dá outra e a gente fica perdido. Agora, se a Faculdade se incumbisse disso, seria muito mais fácil para nós, enquanto alunos, para estar atuando, porque, daí, a gente deixaria claro

na Faculdade: 'Olhe, vocês ensinam isto e vemos isto — como a gente faz agora?' Porque os profissionais da instituição, geralmente, são profissionais de dez, quinze anos de carreira dentro da própria instituição, e não vêem mais este lado da Faculdade! Não têm esta outra visão. Então, o que você aprende aqui, você vai no estágio e esquece tudo o que você viu. Se a Faculdade desse Supervisão, resgatar-se-ia muito mais a prática do que a própria instituição..."

"Eu acho que se fosse um supervisor da Faculdade, a relação entre o estagiário e o supervisor poderia ser bem melhor, porque os supervisores hoje em dia acham que tudo tem que ser aprendido na Faculdade. Por que a Faculdade não teria o seu próprio espaço, pagando a Supervisão? A professora que dá aula de Coordenação de Estágio pediu para nós levarmos uma proposta de trabalho e, aí, levantamos o seguinte: de o estágio ser uma coisa rotativa. O aluno ficaria três a quatro meses numa instituição; daí passaria para outra, para outra, para outra e a Supervisão ficaria a cargo da Faculdade."

Gonçalves parece não perceber a relação do conteúdo teórico, passado pela Faculdade, para o concreto real do Serviço Social. Na sua visão, ambos os aspectos — a teoria e a prática — são diferentes e contraditórios e sem chance de conexão; parecem ser dois pólos antagônicos que jamais se unirão, o que leva a aluna a uma confusão de idéias e à perda de direcionamento no agir profissional.

Ela incrimina, novamente, os supervisores pelas suas deficiências, por não se atualizarem, por não estarem em condições de supervisionar. Em contrapartida, propõe para a solução do resgate da teoria e da prática que a Faculdade, além de contrair sua posição de acompanhar o estágio, assuma a Supervisão do aluno, sendo supervisor um professor, o que julgo pertinente e de sua competência.

A estagiária faz outra proposição ligada ao estágio, oferecendo ao aluno oportunidades de experiências variadas, sob a Supervisão da Faculdade, questão esta que merece estudos mais acurados quanto a sua eficiência de aprendizagem. Serão três meses suficientes para conhecer e ter o domínio da realidade, intervir e apreender todo o conteúdo teórico-metodológico-operativo neste período e nesta determinada realidade, para que se efetive a unidade teoria-prática? Há outra indagação a se fazer: qual a gênese da relação anacrônica teoria-prática aqui tão enfatizada? Certamente a razão não é só e primeiramente o supervisor e nem o professor não-preparados. Algo mais profundo incita tal resposta e que precisa ser instigada, se o Serviço Social não quiser ser proscrito pelo mercado de trabalho e pela sociedade.

Insatisfeita com a desconexão teoria-prática, Instituições Campo de Estágio e de Ensino, Gonçalves, incansavelmente, reforça e desabafa:

> "Então, a Instituição acaba não dando valor para o trabalho da Faculdade e esta fica meio parada também. A teoria e a prática estão muito distantes! Não sei se para os estagiários das outras Faculdades também acontece isto. Mas eu acho que sim — porque vem um professor e, às vezes, a gente encontra este professor na prática e ouve o que ele fala! Diz que agiria dessa maneira! A gente o encontra como profissional e ele não faz nada disto!... Então, chega na aula, fala uma coisa, chega na prática, fala e faz outra coisa. Tem dentro até do próprio profissional isto! Imagine na relação com a teoria e a prática! Se encontramos alguém na prática que faz e pensa da mesma maneira que ele fala em sala de aula — até que nos alegramos, né?! Se cada um pensasse em ser o profissional — a profissão poderia crescer e muito! Você pega as produções teóricas do Serviço Social — se você for ler — é tudo a mesma coisa. Eles mudam só a maneira de escrever. Eu já estou cansada de ler uma coisa que é igual à outra. Se você for ver o que está saindo atualmente — está tudo no livro da Marilda Yamamoto. Ninguém pensa numa coisa nova. Pegam o que o Kowarick falou, o que Gramsci falou e o que Marilda falou — misturam um pouquinho e escrevem um livro! Se cada um pensasse em ser o profissional, e não 'mais um', as coisas na profissão estariam melhores. Daí, não haveria tanta distância entre a teoria e a prática. Se cada um tivesse um compromisso de estar ensinando aqui — porque o nível de aula aqui caiu muito!"

> "Se houvesse mais a participação de um na aprendizagem do outro, a relação da teoria e da prática não ficaria também tão distante. É difícil pensar também uma saída para isto: daí, a Faculdade vai virar funcionalista? Conservadora? Não vai! Por outro lado, a instituição também não vai virar revolucionária! E aí, como é que lidamos com isto? É muito difícil! E quem sabe, depois de uns cinco a dez anos, acabamos nos acomodando — mas aí está o problema e o mal! Aí você acaba esquecendo uma coisa e optando por outra. Daí é que não fazemos nada: se você optar por realizar um trabalho na instituição, você tem que esquecer a Faculdade, a teoria; agora, se você optar por

seguir o pensamento da Faculdade, você não vai fazer nada no seu estágio. É muito difícil estarmos conciliando estas duas coisas. Eu acho que nem deveríamos considerar a instituiçãoela está aí, uma 'porcaria' do jeito que está. Por outro lado, se vamos lá e falamos o que estamos aprendendo aqui — que eu acho que é o certo — também não vamos fazer nada de nada; porque também não vai ser aceito pela instituição. Está muito distante a teoria da prática, e a Instituição da Faculdade. Se houvesse uma maior união entre elas e se a Faculdade desse Supervisão para o aluno, seria mais fácil e os profissionais seriam melhores, teriam níveis melhores."

Gonçalves destaca, aspectos já abordados anteriormente: distância entre teoria e prática, entre as instituições comprometidas com a aprendizagem, decadência do ensino, Faculdade ter o papel de supervisionar o aluno — mas revela outros. De princípio, ela consolida a dicotomia entre o discurso e a ação profissionais, criticando o professor que assim age e louvando aquele que, na sua visão, é *o profissional*. É nesta medida que Gonçalves avança em suas reflexões e parte para a análise das produções teóricas do Serviço Social, concluindo serem reproduções de conteúdos mesclados de variados autores e de diferentes visões, não avançando na produção.[13]

Insinua, ainda, uma saída para os impasses apresentados: maior participação e união dos envolvidos no processo ensino-aprendizagem, a Faculdade dar Supervisão aos estagiários; mas percebe a dimensão dessa dificuldade. Ao tentar buscar a superação para esta realidade, ela se contradiz e cai no radicalismo. Concebe, estanquemente, e generaliza a Instituição Campo de Estágio "funcionalista e conservadora" e a Faculdade de "revolucionária", onde não há espaço para realizar um casamento entre ambas, onde uma não tem condições de operacionalizar "nada" da outra. Esta configuração retrata o momento do Curso de Serviço Social da PUC/SP, que também rotulava, radicalizava o que já analisei, especialmente referen-

---

13. José Paulo NETTO realiza este estudo analítico-crítico sobrá as produções teóricas no Serviço Social, no período pós-64 até os dias atuais, em sua tese de doutorado *Autocracia Burguesa e Serviço Social*, defendida na PUC/SP e onde faz críticas a respeito. Parte desse conteúdo está publicado sob a denominação *Ditadura e Serviço Social*, obra já citada.

dando-me nos conteúdos dos discursos das professoras Toledo, Marques e Estevão. Tais dados evidenciam que o Curso, de alguma forma, transladou para o aluno esse desvio, ecletismo e radicalismo vulgares.

Veja-se a posição de Ventura em relação ao tema em destaque. Ao tecer considerações sobre a concepção de Supervisão, remete-se ao desempenho do papel do supervisor, ligando-o ao acompanhamento teórico-prático do aluno estagiário. Afirma ser o papel do supervisor "estar recuperando a teoria que se tem e vendo como isso ocorre na prática e como volta para a Universidade". Nesta perspectiva, esclarece:

> "Percebo que são poucas as pessoas que têm um interesse, que querem ter uma disposição mais teórica, que querem aprofundar a prática, quando pegam um estagiário para supervisionar. (...) Quando o profissional supervisor não acompanha a questão teórica da Faculdade, ele se sente muito mal, sente-se uma droga de profissional. Então, você vê de um lado um pragmatismo e uma teoria louca, de um outro lado."

Ventura desvela que sua concepção do papel do supervisor, não ocorre na realidade, seja pelo fato de ele não mostrar interesse em entranhar-se nas questões teórico-práticas do Serviço Social, seja pela sua não-atualização e pelo seu não-acompanhamento no processo educativo do aluno:

> "Analisando a experiência que eu tenho aqui, na Universidade, isso não acontece. Existe um desejo de vincular isto, mas no currículo novo isto não foi feito. Instalou-se uma disciplina 'PIP', que queria discutir no terceiro ano as questões de investigação, mais teóricas, a partir de um estágio. No segundo ano, por exemplo, os professores queriam fazer isso, a partir de um estágio que se tivesse; só que não tinha o estágio no segundo ano. Ou, por exemplo, eles queriam discutir Instituição e aí começamos, só que o estágio era empresa! Não era olhado com bons olhos esta experiência que o aluno trazia. (...) A Coordenação de Estágio entrou na grade curricular com horário para estar em sala de aula. A gente reinvidicou. Não tínhamos horário e queríamos! Antes a Coordenação dava plantão para os alunos. Agora, ela está em sala de aula, e não sabemos muito o que fazer com ela."

"Eu me lembro da proposta da avaliação do estágio do terceiro ano. A Coordenação de Estágio elaborou uma proposta louca, louca, porque colocava a concepção de Instituição, e qual é a opção, e qual é o compromisso e, sabe, dava um TCC aquilo! Quando o supervisor olha um tipo de avaliação dessa fica meio assustado! Ainda existe esta falha!" (...) "...quando queremos discutir uma prática marxista na Universidade, os profissionais não conseguem olhar para a realidade da empresa, que é o centro da relação capital-trabalho: como viver isso? Ainda se está um pouco na negação de que a empresa não é boa etc... Sinto que a dificuldade de estar vivendo isto é uma coisa complicada!"

A aluna traz a referência do currículo vigente no Curso de Serviço Social da PUC/SP e, em sua visão, a concretização da unidade teoria-prática não acontece, permanecendo no plano intencional, confirmando o ponto de vista de Gonçalves e o que Toledo mais detalhadamente descreve. Exemplifica esta realidade apontando duas disciplinas e a Coordenação de Estágio como suas referências. O movimento dialético aparece transparente. O curso opta e privilegia a vertente marxista como referência para o conhecimento do social. No entanto, a não-compreensão, ou modo desviante como foi apreendida esta vertente, levou o corpo docente a posições por vezes radicais. Ventura elucida o fato de negar-se o Serviço Social em Empresas no Curso e não se ver "com bons olhos" os alunos que lá estagiam.

A aluna apresenta, ainda, o despreparo do supervisor em discutir aspectos teórico-práticos no Serviço Social, defasagem esta muitas vezes anunciada pelas outras entrevistadas e que pode desencadear, por um lado, um sincretismo de concepções e, por outro, uma teoria rebuscada que não atende à demanda real do Serviço Social.

Ventura prossegue em seu pensamento:

"Você vai para a prática sem saber fazer nada; tem muitas coisas que você aprendeu. Por exemplo, o estudante da PUC é um cara chato, muito chato! Ele tem uma compreensão da realidade dentro de um referencial teórico marxista; é cara que incomoda, faz discurso, e só sabe falar, não sabe fazer nada! (...) Não existe no curso uma teoria e que se torne de fato uma prática verdadeira! Infelizmente, os professores agem assim. A Faculdade opta por uma linha que não ajuda a gente a aprofundar outras, as quais só se ouviu falar! Isso eu acho um pouco dramático! Mas é assim: há a escolha de uma linha teórica e se garante que se estude essa linha teórica, mas fica-se muito na conflitagem, no discurso, nas grandes frases, que se repetem durante quatro anos."

"Um fato é ser ensinado um 'monte' de coisa; outro é você aprender estas coisas, você fazer experiências delas. E eu percebo que isso é uma coisa que é difícil! A gente tem um discurso muito bonito acerca do Serviço Social, mas não se consegue muito 'ser' dentro disso! (...) Eu sinto que, muitas vezes, a coisa fica meio nebulosa, porque alguns professores não têm uma boa prática. Acho que alguns professores, por trabalharem só num nível mais político, fazem uma dissociação terrível do que pensam e do que fazem! Eu não percebo outra coisa! Não dá para você viver em função de um projeto que nunca vai acontecer! No mínimo, você está vivendo hoje! (...) Quanto à formação teórica, isso deixa a desejar! O professor não vive uma relação de colocar o que ele vive. Ele está ali para dar aula, é pago para dar aula e, muitas vezes, só dá aula, conta alguns casos, que provavelmente são da época que se formou, mas não consegue muito falar do que ele vive no presente. É só o presente que você pode trabalhar! Você pode partir do presente; o passado ajuda a chegar a ele, mas você tem que chegar a entender esse momento. (...) não sei se os professores fazem reciclagem! Eu sei que muitos professores não terminaram o mestrado. Acho que isso influencia o aluno. Daí, ele fica no que ele estudou, no que ele leu; ele não consegue estudar e fazer o entendimento do hoje! Fica só no que Marx falou há muito tempo atrás e não consegue entendê-lo hoje! A Maria do Carmo Falcão faz um entendimento da sociedade atual no livro dela. A gente vê numa disciplina só, o que é metodologia. Agora em Teoria, a gente ainda não viu. A gente está vendo ainda Marx e está ainda discutindo o que ele pensava há muito tempo atrás. Voltando, temos que entender esse contexto e entender as outras posições — o papel da positivista, da funcionalista! Ter um espaço para garantir a parte social, pelo menos! Tem que se ajudara entender tudo isso e não fragmentar tanto! Fala-se tanto do entendimento mais global, mais geral, mas eu sinto, ainda, que não se tem uma compreensão global do que é a realidade. Fica-se aí, ainda, fragmentando muito alguns conhecimentos e não se faz uma síntese deles e não se consegue entender isso no mais geral."

Os depoimentos de Ventura desvendam um aluno preparado criticamente para ler a realidade, mas não instrumentalizado para a ação. Repetidamente, tenho que me remeter à vertente marxista, norteadora do curso. Mesmo sendo boas as intenções, o curso desencaminhou-se por ainda não ter introjetado esta vertente de uma forma adequada, o que merece um estudo específico. Ventura reclama sobejamente a defasagem do Curso, que não dá respaldo para o agir profissional de hoje.

Por conta de um grupo de professores que privilegiou mais o aspecto político-partidário (o que ocorreu, também, com parte de profissionais, em sua prática) permaneceu-se num projeto idealizado do Curso, num discurso sem ressonância na prática, como ela apropriadamente se expressa: "não dá para você viver em função de um projeto que nunca vai acontecer! No mínimo, você tem que estar instrumentado para entender o que você está vivendo hoje". Tal quadro identifica um professor não-competente e passando conteúdos teóricos desconectados com a realidade de estágio do aluno. Ventura revela, outrossim, uma não-sincronia entre os próprios conteúdos ministrados entre as disciplinas, além de sentir um curso fragmentado que não garante a visão da totalidade da realidade, perdendo a visão do contexto mais amplo.

Embora a aluna não recrimine a linha marxista adotada pela Faculdade, apela para a necessidade de outros conteúdos não serem expurgados do Curso (cita o funcionalismo, o positivismo), entendendo-se o direito à diversidade nos modos de pensar e ler a realidade; questão esta, aflorando nas reflexões, nas discussões e eventos no Serviço Social, o qual se direciona para a visão pluralista, onde a positividade do conflito é significativa, onde há espaço para que as diferentes posições e projetos aflorem.

E Ventura sintetiza:

"A Supervisão seria o 'ajudar a olhar o aluno', mas a Faculdade não o faz. A Instituição de Estágio, talvez, não tenha objetivo tão amplo de formar. Existe um mercado de trabalho que tem uma exigência 'X'. A Universidade cada vez mais deve ajudar os profissionais a serem críticos; a Universidade tem uma visão parcial, porque existe o objetivo da Instituição-Escola e existe a posição do professor; 'quero passar para o meu aluno mais do que isso'. (...) A gente tem que se ajudar na Universidade; por exemplo, a olhar de uma forma mais global, porque o assistente social trabalha com o global. A proposta institucional é que ele trabalhe com o parcial; a proposta é que seja 'criança', 'família', 'mulher' ou 'desempregado' — o homem é colocado um em cada canto, em cada necessidade dele! Mas o homem não é só um conjunto de necessidades; ele é mais que isso; é muito mais que isso, pelo que eu entendo. Que é ser pessoa? Como entender alguém como pessoa, como gente, dentro de um programa? Eu sinto que essas coisas estão ligadas e não são trabalhadas."

Suas idéias asseguram que a formação profissional é de competência da Universidade, resguardando parte desta formação para a Instituição Campo de Estágio. Recorre para a ajuda mútua coletiva, no sentido de superar a fragmentação do curso e de se ter uma visão crítica e global da realidade, do homem e do Serviço Social.

Em relação a Morais, em toda sua entrevista interpõem-se excertos e material pertinente à questão teoria-prática e às instituições ligadas ao ensino teórico-prático, o que nitidamente se nota, quando relata de uma forma muito dinâmica sobre seu estágio, no item anterior. Principio pela relação teoria-prática:

"E isso tudo, essa análise, esse entendimento das coisas, eu acho que a supervisora me ajudou muito! Nisso eu vejo a relação da teoria e da prática, sabe? A teoria que a gente tem na faculdade, da questão do marxismo, da questão da mulher enquanto uma pessoa que tem que se libertar; e a coisa concreta estava ali na minha frente e eu não conseguia entender a globalidade, eu não conseguia ver o todo; eu conseguia ver só um erro profissional, como se dependesse de mim, do meu trabalho, a mudança na cabeça daquelas mulheres em três meses e coisas assim interessantes que eu acredito até que é uma falha profissional e que a gente não teve espaço para discutir, porque teve as demissões."

O fato de Morais ter tido três experiências de estágio lhe permitiu ter três visões diferentes de realidade social, de supervisor e de Serviço Social. Aqui, relatando a sua vivência enquanto aluna-supervisionada (da Prefeitura), denota-se sua compreensão e apreensão da unidade teoria-prática: ela capta a interligação entre estes dois aspectos e sente-se segura ao afirmar que a supervisora faz essa relação. Ela consegue apontar conteúdos teóricos do curso na sua vivência prática, citando, inclusive, o marxismo. Esta oportunidade, em sua visão, propiciou-lhe perceber a realidade como um todo.

Contrapondo-se a esta prática positiva e gratificante, mas referendando-se nesta, Morais destaca outros pontos:

> "... eu vejo que o estagiário é colocado na Instituição e que não existe um plano real... As coisas são muito desvinculadas! Às vezes, por exemplo, tem cinco equipes: um estagiário em cada equipe e cada um está fazendo uma coisa diferente; está tendo uma visão diferente da Instituição e não tem troca, não tem como estar discutindo isso! É muito departamentalizado — como a sociedade que é toda cheia de cortes! (...) E lá o trabalho é só de caso. E é uma coisa muito louca! O trabalho é feito por técnicos de plantões. E eles nunca se encontram; eles nunca discutem nada. Eles vão fazendo o trabalho como dá! (...) Como se houvesse um corte em tudo: a ação dele, a questão do país e a questão da vida das pessoas."

Morais refere-se à vivência de seus outros estágios, onde transparece a negação da primeira vivência acima enunciada. São instituições públicas, onde as limitações, as normas rígidas, a segmentação dos programas e do trabalho, outras omissões e deficiências restringem o trabalho social, quase sempre permanecendo atrelado e adequado às solicitações dessas instituições, com poucas perspectivas de abertura. É o que expressa ao relatar a atuação das "equipes" técnicas de uma destas instituições, as quais não têm momentos conjuntos de discussão sobre as suas práticas e serviços que prestam à população. A aluna, concluindo, diz ser "como se houvesse um corte em tudo: a ação dele, a prática dele, a questão do país e a questão da vida das pessoas".

Referindo-se ao terceiro estágio, denota-se o restrito trabalho profissional (Delegacia de Polícia), circunscrito somente ao atendimento de plantão e onde reproduz-se o fracionamento do agir profissional, cada qual agindo isoladamente: "Eles vão agindo como dá".

Esta configuração tende a levar ao não-reconhecimento de um profissional competente, precisamente pela sua aceitação inquestionável de sua subordinação à instituição. Contrapondo-se a tal atitude, Morais é uma estagiária sumamente crítica, consciente do que quer enquanto profissional, pessoa com uma visão de mundo clara e definida e com um arcabouço teórico-metodológico suficiente e adequado ao seu momento e processo de aprendizagem (embora ela aponte e visualize as falhas). Tais características sobejamente mostram e reafirmam os seus diversos depoimentos sobre o seu estágio. Essa sua posição de criticidade por vezes pronunciada, como ela própria aponta, a conduz a ser uma *persona non grata* no seio da instituição, um elemento que incomodava a organização, pois ela procurava interferir no confinamento institucional: "De forma que eu estava mexendo na estrutura e direção da instituição". Nesta medida, Morais era o protótipo da contradição do direcionamento administrativo, ideológico e operacional dessas instituições. Tanto assim, que ela busca saídas externas: "... uma forma de você fugir da instituição é procurar caminhos fora..." Mas o desfecho é uma sumária demissão.

Morais faz os seus questionamentos em relação à Unidade de Ensino:

"... na Faculdade eu não vejo muito espaço para estar discutindo a prática; você se prende mais à questão teórica. (...) Então, o Curso tem que ser um curso muito sério! Aqui na PUC/SP eu vejo falhas em alguns pontos. Não sei se ele é um. curso sério para todos os professores; acho que para alguns! (...) E mais, o aluno vai estar saindo com uma dúvida muito grande! Será que eu consigo exercer essa profissão mesmo? Eu acredito numa profissão desta forma? Será que eu vou conseguir mudar algumas coisas? E até estar entendendo o que é essa mudança? Porque o curso, pelo menos o curso da PUC, é assim: no primeiro ano, eles apresentam um mundo de transformação e você tem que se transformar, você tem que ter condições de virar o mundo de ponta cabeça! Aí você chega no terceiro ano, que é o ano de fazer o estágio, e você entra em contato com o real e daí fala:

'— Espera aí! Eu não estou mudando muito, não estou virando o mundo de ponta cabeça; estou conseguindo fazer algumas coisas! E aquilo... ele falou que a assistente social é transformadora — ela está aí datilografando uma folha!' — E aí, no quarto ano, a PUC resolve falar:

'— Olha, você não é culpado desta desgraça do mundo, é assim mesmo, a transformação é lenta, tudo é muito lento!' Só que é criada uma expectativa! Sabe, lhe deram elementos para você montar o seu mundo! E chega ao último ano, desaba! É como se falasse: 'olha, não adianta, você tem que partir... ser um profissional sério, comprometido com a classe trabalhadora! Aquele discurso todo, mas a realidade é essa! Agora, você se vira!' — A coisa é muito clara; pelo menos para mim fica assim! São poucos os professores que conseguem trabalhar isso direito, desde o começo do curso! São pouquíssimos! Então você entra como quem quer conhecer, como quem quer descobrir quem é o assistente social e vai aprendendo o que é ser assistente social, sabendo que, às vezes, você quer fazer e não dá para fazer! Só que você não se acomoda; isso eu acho que é a grande diferença! Pelo menos, eu quero acreditar e prefiro acreditar que eu possa fazer algumas coisas, nem que for lenta, mas que eu vou fazer! Eu não vou fechar os olhos para as coisas, como as pessoas fecham. Sabe, de se acomodar na profissão; de não estar preocupada em ver coisas novas, de não estar preocupada em discutir a profissão entre os profissionais. Eu acho um absurdo, você trabalhar com cinco profissionais, dentro de uma Instituição, fazendo as mesmas coisas e não ter uma reunião mensal, que seja, para você avaliar o seu trabalho."

Morais, bem como as outras entrevistadas, tem a visão de a Faculdade privilegiar mais a teoria em detrimento da prática; questão esta que, de novo, conduz à polêmica da dicotomia unidade teoria-prática e a ter dúvidas sobre a inteireza do Curso de Serviço Social (dirigindo-se diretamente aos professores que são os propagadores daquele). Confrontando os conteúdos (especialmente os que provocam tendências de "transformação") nos diversos anos do curso, com a realidade do estágio, da prática profissional e das instituições, onde o Serviço Social desenvolve a sua ação, ela vislumbra as contradições internas e externas, do ideal e do real, do intencional e da ação. Embora no final do curso se queira desmontar o "poderio utópico" do assistente social em sua prática, essa expectativa desenvolvida pelo curso, junto ao aluno-estagiário, pode levá-lo a um descrédito total na profissão, subterrando suas esperanças exeqüíveis do "devenir", o que Estevão e Toledo pontuam. Contudo, a postura de Morais é positiva! Cônscia deste quadro multifacetado e dramático, ela opta pela não acomodação, mas pelas possibilidades: "... eu quero acreditar e prefiro acreditar que eu possa fazer! Eu não vou fechar os olhos para as coisas..."

4. Considerações finais

As visões dos sujeitos coletivos — docentes, supervisoras, alunas estagiárias — descortinam um panorama de relações históricas, dialéticas e contraditórias que se estabelecem no estágio supervisionado, no ensino teórico-prático, nas Instituições de Ensino e de Campo de Estágio do Serviço Social, estando o estagiário inserido por inteiro neste processo.

Parto do pressuposto que o estágio supervisionado é imprescindível na formação do assistente social. Este é concebido como uma situação-processo de ensino-aprendizagem. Neste sentido, é o *locus* apropriado onde o aluno desenvolve a sua aprendizagem prática, o seu papel profissional, a sua responsabilidade, o seu compromisso, o espírito crítico, a consciência, a criatividade e demais atitudes e habilidades profissionais esperadas em sua formação.

Contudo, o presente estudo revelou que o estágio se realiza e é concebido de diferentes modos, à medida como ocorre no cotidiano-real, configurando-se, ora positiva, ora negativamente.

Assim, por um lado, é percebido como um processo de treinamento profissional; como o campo de formação profissional onde o aluno exercita a prática profissional, propiciando ao mesmo oportunidades de experiências variadas; como espaço onde as diferentes posições e projetos profissionais afloram e onde se pode debatê-las democraticamente; como momento privilegiado de contato do aluno com a realidade social, onde o Serviço Social se concretiza; como o *locus* propício de execução e de reflexão sobre os atos e conteúdos da profissão, sobre o papel profissional da prática, onde supervisor e supervisionado compartilham essa realidade e procuram superá-la.

Por outro lado, a realidade tem demonstrado que, apesar de haver leis que procuram resguardar e proteger o estágio supervisionado e os alunos no sentido de garantir condições mínimas de aprendizagem, de qualidade e de treinamento profissional adequados, a realidade retrata a negação da asseguração dessas leis. Neste sentido, o estágio do aluno apresenta várias facetas. Por vezes é configurado como a forma que as organizações encontram para "usar o aluno como mão-de-obra barata"; portanto, confundindo-o como *trabalhador profissional*. Nesta perspectiva é um *estágio-trabalho*, de qualidade inferior, pelo fato de o aluno não estar preparado e ser explorado pela organização, na medida que o aluno assume o lugar do assistente social sem garantir-lhe os benefícios e direitos adquiridos pelo trabalhador e percebendo bem menos (o estagiário não tem vínculo empregatício, pela Lei n° 6.494/77, de 7 de dezembro de 1977). Outras vezes o estágio é confundido como mero cumprimento de carga horária, ou por parte do aluno, interessando-lhe tão somente um diploma, ou por parte da Instituição Campo de Estágio, que não lhe oferece condições de aprendizagem prática condizente, delegando-lhe executar as tarefas atinentes ao profissional e que este não quer fazer, e/ou outras tarefas rotineiras, e não lhe assegurando a Supervisão de Estágio. O estágio é ainda considerado um *objeto-utilitário*, na medida em que o aluno estagiário serve como trampolim para todas as atividades inespecíficas do Serviço Social (*office-boy-girl*; secretário, grampeador de papel, arquivista etc.).

Outros aspectos relacionados ao contexto do estágio se apresentam: o estágio não é planejado e as atribuições dos alunos não são claramente definidas, sentindo-se estes inseguros, perdidos, sem saberem o *que* fazer e o como fazer o Serviço Social.

Há profissionais que têm percepção de sua defasagem em termos de conteúdo teórico e a marca da insegurança e despreparo se tornam patentes, transferindo estes mesmos sentimentos aos alunos. Tal constatação é polêmica, angustiante, preocupante, inerente à profissão e remete ao terreno contraditório entre o *saber-fazer* e o *saber-teórico*.

Há conflitos, controvérsias, contradições, limitações presentes na questão Unidade de Ensino e Unidade Campo de Estágio. Existe o hiato entre o que estas instituições propõem e o que executam, entre o seu discurso e a ação, entre os seus objetivos e os seus programas. Desvelou-se o quanto suas características próprias limitam, afetam e dificultam o trabalho do assistente social e, por conseguinte, o estágio do aluno. Muitas vezes, o estagiário arca com as conseqüências das carências, da não-integração entre as organizações e dos impasses entre a teoria e a prática. Neste sentido, a Unidade Campo de Estágio dirige a formação profissional atrelada unilateralmente para o agir cotidiano e rotineiro, descartando a formação para o pensar, o refletir, o inovar e o recriar o exercício profissional. A Unidade de Ensino tem delegado às organizações onde se realizam o estágio do aluno apenas a função *oficial* do ensino-prático, sem manter contato e lhe dar retaguarda.

Em contrapartida, também a Unidade de Ensino prioriza a transmissão do *saber-teórico*, em detrimento da formação do aprendizado técnico-prático, subordinando a prática à teoria. O conhecimento é transferido, de per si, paulatina e fragmentadamente por áreas ou disciplinas, de forma parcializada e sem conexão.

Além disso, o ensino é desconectado do contexto mais amplo e o conteúdo programático do Curso nem sempre atende à demanda da realidade atual e a prática fica desprotegida do suporte teórico necessário para operar com eficácia e competência. Neste sentido, a alienação da Unidade de Ensino se faz presente em relação ao que está ocorrendo na sociedade, limitando seus conhecimentos e ações, tornando-a defasada.

Os vínculos entre as duas instituições implicadas na Supervisão de Estágio existem apenas por um primeiro contato e por documentos (convênio e termo de compromisso, exigidos por lei, avaliação etc.).

Por estas constatações, embora se perceba o quanto as características das organizações são determinadas e determinantes no trabalho do assistente social e, por conseguinte, no estágio do aluno, é necessário se ter consciência que elas são um reflexo do que ocorre no contexto maior do poder, ou seja, elas reproduzem as correlações de forças existentes no âmbito da sociedade. Neste tocante, o aluno estagiário deve ser conduzido a perceber e desvelar a influência e as determinações que as organizações desencadeiam sobre a sua ação profissional e a ultrapassá-las.

Deve haver nesta perspectiva, uma maior aproximação e conhecimento entre as Unidades de Ensino e de Campo de Estágio. Ao Curso de Serviço Social compete a primazia da responsabilidade do processo educacional, entendida em sua totalidade. Ele deve acompanhar de perto o estágio, assumir a Supervisão do aluno, sendo o supervisor um professor do Curso.

O espaço ocupacional do estágio não pode ser confundido com o que comumente retrata e se espera do assistente social no mercado de trabalho. Há necessidade de um entendimento e de uma relação pedagógica organizada, planejada entre o Curso e a Unidade

Campo de Estágio, sobre a questão do Estágio upervisionado para que ambos persigam a formação profissional do aluno.

Os limites e as possibilidades das duas organizações devem ser conhecidos e refletidos para que se adquira uma postura profissional crítico-reflexiva sobre aquelas relacionadas à formação profissional, dos seus papéis na sociedade, de suas factibilidades e finitudes e das formas de superação. O contexto institucional historicizado e situado na processualidade da supervisão manifesta-se como o espaço privilegiado de fontes de dados para o aprendizado profissional.

As instituições implicadas na formação profissional, embora sejam duas realidades diferentes, devem estar atentas para o *que* ensinar, tanto no âmbito teórico quanto prático, à luz do que a demanda lhes apresenta, o que requer um esforço no sentido de superar a fragmentação e a desarticulação que ocorrem entre elas, pressupondo conhecimento adequado e profundo da situação concreta desses elementos situados historicamente.

As prioridades de ensino e aprendizagem, por serem o núcleo aglutinador que dá existência ao ensino teórico-prático, deverão ser e permanecer a preocupação de fundo, geradoras das diversas medidas ocorrentes e compartilhadas por todos.

Acredito que um processo mútuo coletivo possa superar a fragmentação do Curso e levar a uma visão crítica e global da realidade, do homem, do Serviço Social, do estágio e da Supervisão.

Portanto, embora os desabafos e queixas, os depoimentos retratam um Curso de Serviço Social fragmentado, fragilizado em sua qualidade, há que repensá-lo em sua totalidade e unidade teoria-prática. Insisto: é inadiável realizar-se um estudo intensivo sobre o Serviço Social, a formação profissional, direcionando o Curso para a apropriação coletiva — em quantidade e qualidade — do saber teórico-prático e operacional. Nesta perspectiva, o Projeto do Curso deve contemplar o enlace de um processo único de ensino e aprendizagem, que se alicerce na relação didáticopedagógica e no diálogo dos agentes Unidade de Ensino e de Campo de Estágio, representados pelos seus segmentos: alunos, docentes, supervisores e a realidade sócio-histórica.

A superação dessa situação é um desafio que se oferece ao Serviço Social para que se divisem possibilidades de alternativas efetivas às demandas da realidade de hoje.

Segunda Parte

A matéria-prima da Supervisão de Estágio em Serviço Social

1. Identificação

Ao discorrer sobre a Supervisão em Serviço Social, ao nível de formação profissional, há que se questionar: qual é a matéria-prima da Supervisão de Estágio nessa perspectiva? A matéria-prima é a atividade prática profissional, desenvolvida pelo supervisor e supervisionado no contexto sócio-histórico-institucional, e ela deve ser entendida, como apropriadamente afirma Marx e Engels, tecendo considerações acerca da atividade humana, uma "atividade real, objetiva, sensível, isto é, prática".[1] No processo ensino-aprendizagem, supervisor e supervisionado vivenciam uma *praxis* na qual ambos refletem sobre a sua ação, desenvolvida no contexto amplo das relações sociais.

Partindo do pressuposto de que o objeto é histórico e que esta condição determina, delimita e demarca o conteúdo da Supervisão e o material teórico a ser abordado na relação entre supervisor e supervisionado, essa matéria-prima não vai ser sempre a mesma. Ou melhor dizendo: pelo fato de a prática profissional real se dar na dinâmica das relações sociais, no âmbito das instituições sociais,

---

1. MARX, K. e ENGELS, F. *A Ideologia Alemã*, 1965, p. 155.

ela se caracteriza e se configura de acordo com o momento da sociedade e do Serviço Social, sofrendo as determinações da contextualidade mais ampla, incluindo as suas próprias contradições. Abrange, ainda, como matéria-prima da Supervisão, as representações advindas do supervisor e supervisionado acerca dessa prática profissional (idealizada e real) e suas representações advindas de suas posições na sociedade (sua origem e posição de classe, escola que se formou, relações de trabalho, círculo familiar etc.).

Portanto, a matéria-prima da Supervisão em Serviço Social ao nível da formação profissional, em última instância é o agir profissional (objetivo e subjetivo) do assistente social e do aluno em formação, e tudo o que a ele se relaciona.[2] Compreende o conteúdo global e possível a ser abordado no processo da Supervisão, ou seja, a estratégia de ação, as temáticas, o processo ensino-aprendizagem, a realidade social emergente, os conhecimentos passados no Curso e na Supervisão, a teoria que embasa a ação, a população usuária do Serviço Social, o desempenho profissional, a Instituição de Ensino de Serviço Social, o contexto sócio-histórico, entre outros. Desta forma, podem emergir na discussão da Supervisão os temas mais polêmicos e contraditórios da categoria, como o da assistência, da orientação de direitos e benefícios, dos procedimentos metodológicos profissionais na prática concreta cotidiana etc.

Como o processo ensino-aprendizagem contém uma concepção de educação e de homem, inevitavelmente encontra-se na concepção de profissão uma visão de homem atrelada a uma teoria do ser social, desembocando num projeto de ação. Projeto este que está no horizonte e que é uma idealização, mas que aspira ser concretizado na vivência real do cotidiano profissional.

Está, portanto, em jogo, a questão da profissão e da prática profissional, cuja concepção necessariamente tende a ser explicitada para se poder desvendar o conteúdo da Supervisão que perpassa

---

2. Na concepção tradicional, o objeto seria apenas o conteúdo do supervisionado, considerado como aquele que não sabe, aquele que deve aprender, aquele que está dependente do supervisor. Aqui, coerente com a minha concepção, supervisor e supervisionado são o objeto-sujeito coletivo da Supervisão, e não há sentido se, entre ambos, não existir "algo" que dê significado a esta relação, isto é, a atividade profissional.

nas falas dos agentes envolvidos nesse estudo. É o que faremos a seguir.

2. A concepção de profissão e de prática profissional

A prática profissional, em seu sentido mais amplo, consiste no conjunto de atividades peculiares, realizadas por uma determinada categoria profissional, legitimadas e reconhecidas pelo Estado e pelo mundo do trabalho. É portanto a prática desenvolvida por uma profissão.[3] Toda ação profissional realiza-se no contexto sócio-histórico determinado pelas relações de produção, por elementos estruturais da realidade e pela prática política. Nesta medida, ela é uma dimensão da prática social tal como Brandão[4] a situa, apontando duas questões que devem ser ponderadas:

a. as práticas profissionais variam de acordo com cada profissão; existem diferenças na execução dessas práticas, em razão das diferenças das profissões. Deste modo, elas não podem ser estudadas como um conjunto, mas em suas es-

---

3. Esta, concebida como ofício que exige conhecimento e habilidade especializadas, adquiridas, pelo menos em parte, em cursos de natureza mais ou menos teóricos e comprovados legalmente numa universidade ou em outra instituição autorizada. A posse do título conferido traz à pessoa autoridade considerável em relação à sua área. No caso do Serviço Social, somente após a Primeira Guerra Mundial é que ele começou a ser reconhecido no Brasil como uma ocupação profissional. Sua maioridade deu-se após a Segunda Guerra Mundial, quando grande parte da população teve que se adaptar à vida e ao mundo pós-guerra. A Lei n° 3.252, de 27 de agosto de 1957, regulamenta a profissão, considerando o Serviço Social como uma profissão liberal e de natureza técnico-científica. A profissão é legalmente concebida porque possui um corpo de conhecimento, um Regulamento Profissional, um Código de Ética e uma prática sistematizada etc. Apesar de o Serviço Social ser legitimado como profissão liberal — caracterizada pela inexistência de vinculação hierárquica e pelo exercício predominantemente técnico e intelectual de conhecimentos —, poucos são os profissionais cuja prática assim se caracteriza e concretiza. A prática do assistente social é essencialmente uma prática institucionalizada, sob um vínculo empregatício — fenômeno que está se acentuando atualmente, cada vez mais, e se estendendo a outras profissões (medicina, psicologia, psiquiatria, por exemplo).

4. BRANDÃO, Carlos Rodrigues. "A Prática Social e a Prática Profissional". In: *A Prática na Formação Profissional*. ABESS — Região Sul II, p. 5.

pecificidades, porque as características de cada profissão vão estabelecer os limites e as possibilidades de cada uma;

b. todas essas práticas, consideradas profissionais, são práticas políticas, porque se direcionam para determinados fins e todas elas têm uma dimensão de poder que lhes é inerente.

No seu âmago, a prática social é diferenciada por três dimensões: a de prática econômica, a de prática ideológica e a de prática política. Essas dimensões se definem a partir de um processo que envolve meios de trabalho e matéria-prima. Nesse sentido, no capitalismo a prática econômica tem seu referencial concreto no local da produção. A prática ideológica e política têm como referencial a reprodução das estruturas de dominação e a submissão ideológica na sociedade capitalista e/ou as ideologias que se traduzem num espaço de lutas populares. Portanto, a prática política pode direcionar-se à manutenção ou destruição do Estado, dependendo do posicionamento que ela toma, em relação a quem se dirige e com quem assume compromisso.

Para Beatriz Costa, o que diferencia a prática social de outra "é aquilo que cada uma delas transforma (produz, cria, elabora) na sociedade, dentro de relações sociais dadas..., mas isto ainda não basta para definir uma prática social. Consideramos ainda que todas as práticas sociais são políticas.[5] Costa identifica-se com Brandão; ela diz respeito às relações de poder existentes em todas as práticas sociais, nas quais há relações de poder e este jogo de poder é que as constitui em práticas políticas, como afirma: "Nas necessidades de classe, o jogo de poder existente nas práticas sociais é um jogo entre classe dominante e classe dominada: a classe dominante procurando conduzir e controlar cada prática social — e, portanto, toda a sociedade — de acordo com seus interesses; e a classe dominada procurando opor-se ao poder que a domina".[6]

Em relação ao Serviço Social, como este se configura enquanto prática profissional e enquanto prática social-política?

---

5. COSTA, Beatriz. "Para Analisar uma Prática de Educação Popular". In: *Cadernos de Educação Popular* 1, p. 9.

6. Ibid., op. cit., p. 9.

O agir do profissional assistente social se dá basicamente ao nível institucional. Nesta medida, o assistente social, enquanto trabalhador assalariado, caracteriza-se por ser um trabalhador intelectual-prático, que articula seu agir naquelas três dimensões estruturais e conjunturais da realidade sócio-histórica na qual está inserido.

Nesta medida, a prática do Serviço Social no Brasil é determinada como um tipo de ação que se faz no âmbito das relações sociais, em um contexto sócio-econômico-político de um capitalismo dependente, autoritário e burocrático. O Serviço Social encontra, nesse contexto, um espaço contraditório: de um lado, está o modo de produção capitalista e o tipo de relações de classe que determina e, de outro, as lutas sociais das classes menos favorecidas, no sentido de conquista de maiores espaços na divisão social do produto do trabalho.

O posicionamento do Serviço Social também é contraditório. De uma forma, a categoria profissional vê confinada a sua prática ao Poder Político e Institucional e, de outra, ela toma consciência do potencial de seu agir profissional. Ou seja, se por um lado lhe é exigida uma prática mediadora de classes, constituída pelo sistema e por ele redefinida, por outro a sua prática se fundamenta em um projeto de trabalho coletivo social, que tem uma intencionalidade de ação voltada aos setores populares (portanto, compreendendo um compromisso, um vínculo moral com estes).

Esta prática nesta perspectiva é antagônica à prática legalizada e esperada pelo Estado, o que confere ao agir profissional do Serviço Social uma contradição estrutural. O assistente social é um profissional assalariado, do qual se espera que cumpra, na divisão técnico-social do trabalho capitalista, determinadas funções. Embora aparentemente busque conquistas ligadas ao projeto social das classes populares, é impulsionado por suas funções a cumprir as demandas do poder. Neste sentido, a prática profissional é desafiada a responder a questões contraditórias que essa realidade hoje lhe propõe e exige.

Nessa contradição a referência básica de sua atuação é o homem, concebido como um ser histórico em uma realidade em que as relações emergem, principalmente, da correlação de forças, determinada pela dinâmica da realidade social.

No momento em que o assistente social internaliza e concretiza uma opção de ação, norteada pelo projeto das bases populares, assume um compromisso transformador. E, na medida em que o profissional se compromete com a transformação, evidencia-se a relação entre a questão profissional e a prática política. Brandão[7] afirma que existe uma base política na ação daquelas pessoas que de alguma forma não só trabalham com a população, mas também se sentem comprometidas com o projeto político popular. Sob esta dimensão, o agir profissional é prática sociopolítica marcada pela consciência que o assistente social tem do seu exercício, pela sua visão de mundo, que se reflete na estrutura de suas ações, as quais se fazem no âmbito das relações sociais.

Considerando a prática profissional segundo este enfoque, ela adquire o caráter de *praxis*[8] no momento em que assume uma postura crítica em relação ao poder e à função de mantenedora e reprodutora das relações de produção de sua profissão buscando uma ação que tenha como horizonte o movimento no sentido da transformação das relações de produção e de poder. Assim, a prática profissional, que é prática-social-política, tem também condições de ser *praxis* de sentido transformador. A concretização dessa *praxis* exige um comprometimento real que possibilite uma ação crítica, consciente, participativa, reflexiva e criadora da história que lute pela mudança das relações de poder, pela subordinação dos interesses particulares aos interesses coletivos.[9]

Essa prática é configurada como uma intervenção que tem um fundamento teórico-político que pressupõe a luta de classes, transformando a consciência do homem. Isto implica que se tenha conhecimento da categoria de classe social e de lutas de classes.

Sintetizando, são três as exigências para a condução de um agir profissional do Serviço Social em uma perspectiva de *praxis*, as quais passaremos a analisar de forma mais sistemática:

---

7. BRANDÃO, Carlos Rodrigues. "A Prática Social e a Prática Profissional". In: *A Prática na Formação Profissional*. ABESS — Região Sul 11, p. 5.

8. A *praxis* expressa uma unidade baseada na oposição dialética de prática e teoria. Assim, para o materialismo histórico, existe a relação dinâmica entre a teoria e a prática, considerando-as dois opostos de uma mesma unidade.

9. KAMEYANA, Nobuco. "A Prática Profissional do Serviço Social". In: *Serviço Social & Sociedade*, n° 6, p. 148.

1. unidade teoria-prática;
2. identificação e compreensão da conjuntura social e do contexto histórico;
3. disposição para uma ação efetiva e eficaz nas lutas gerais da sociedade.

1. Unidade teoria-prática

O agir profissional tem embutido em si, explícita ou implicitamente, o desvelamento do movimento entre "consciência e ação", ou seja, de unidade entre teoria e prática: Esta concepção concretiza momentos de realização da produção do Serviço Social.

A realidade é um espaço concreto, um momento histórico, onde, à contínua ação, une-se o conhecimento e o processo crítico-reflexivo — e esta unidade deve partir sempre para mudanças propícias às exigências humanas. Isto significa que a teoria só existe por e em relação à prática. Há uma relação dialética entre elas: a teoria se constrói sobre a prática, mas também antecipa-se a ela.

O que a prática é "marca as condições que tornam possível a passagem da teoria à prática e assegura a íntima unidade entre uma e outra".[10]

Portanto, a teoria deve estar vinculada às necessidades práticas; a teoria é prática na medida em que determina as ações como guia da ação, ao esclarecer os objetivos, as possibilidades, o conhecimento da realidade social e as forças sociais. Deve ser uma teoria baseada num conhecimento da realidade social, da própria estrutura da sociedade, no movimento da história, na contradição entre as forças produtivas e as relações de produção. Isto significa que o conhecimento científico da realidade, qualquer que seja seu objeto, tem sua origem na prática histórica do homem, e que esta "teoria se torna prática quando penetra na consciência dos homens".[11]

Por outro lado, o agir profissional se configura como uma intenção teórico-valorativa concretizada numa *praxis*, como uma opção

---

10. VÁSQUEZ, Adolfo Sanchez. *Filosofia da Praxis*, 1978, p. 6.
11. Ibid., op. cit., p. 127.

em um conjunto de possibilidades, na medida em que ele se insere como um movimento integrado ao processo vivo da realidade sócio-histórica, na proporção em que é intenção objetiva numa *praxis*. Esta prática é a que constitui o trampolim dos avanços do saber. É à luz dela que se devem abordar os problemas do conhecimento, da história, da sociedade e do próprio ser. Neste sentido, a própria teoria se incorpora à prática, pois o pensamento é uma forma de atividade inseparável das outras.

2. Identificação e compreensão da conjuntura e do contexto histórico

A realidade social está em constante movimento de transformação, que compreende um emaranhado complexo de fenômenos e interações mútuas. A cada momento, emergem novos dados estruturais básicos na sociedade em que se vive, novas contradições de dimensão política, ou seja, de uma dimensão vinculada diretamente às estruturas de controle do poder e às alternativas da manipulação deste poder. Existe, entretanto, a dimensão profissional: da mesma forma, o agir profissional do assistente social está constantemente em transformação, procurando oferecer respostas às questões que as transformações da sociedade lhe cobram. Isto implica que a prática profissional precisa ser constantemente redefinida e que o assistente social (para que essas respostas tenham um caráter transformador) tenha conhecimento da realidade em sua totalidade, integrando suas várias dimensões: o jogo de poder entre as classes, as lutas de classe, as condições de vida dos setores populares, as diversas organizações da população, o conhecimento das leis que regem os movimentos sociais etc.

Vista sob esta óptica, a ação concretizada se apresenta como *praxis* de uma realidade que se deixa desvelar, ou seja, *praxis* que permite visualizar a sua dinâmica objetiva (exterior) e subjetiva (interior). Portanto, compreender e explicar a *praxis* na sua totalidade (o pensamento e a ação; o subjetivo e o objetivo; o ideal e o real).

É esse nível de entendimento que irá permitir ao profissional assistente social uma maior aproximação do máximo da consciência possível, definida em um dado momento histórico, pela superação de sua consciência anterior, de forma a apreender mais profundamente a totalidade social que se exprime no cotidiano de sua prática — matéria-prima da Supervisão no Serviço Social.

3. A disposição para uma ação efetiva e eficaz nas lutas gerais da sociedade

A ação profissional, como condição de possibilidade que a constitui, torna possíveis novas produções teóricas, novos valores, novos significados, novas direções nas ações profissionais. Isto ocorre na medida em que os assistentes sociais vivenciam, experimentam, fazem acontecer a prática profissional, mas também elaboram o seu conhecimento, tornando possível e viável um processo onde a teoria e a prática estão intimamente unidos e realizados pelos próprios sujeitos desse processo. Assim, a ação profissional vai além, enquanto realiza uma *praxis* intencional, que vai se revelando nas inter-relações sociais no processo sócio-histórico. Já ficou claro que esta concepção extrapola o nível da ação profissional quando se situa no nível da prática política transformadora.

O espaço profissional é um espaço de luta, configurado na articulação política de sua organização, consciência, conhecimento e ação.

Os determinantes arrolados até o momento, aliados à visão de mundo do assistente social, fazem com que a sua prática profissional concretizada, se expresse como "um conjunto que não é uniforme, mas abrange a ação simultânea de diferentes modos de prática, que interagem. (...) Isso ocorre porque o contexto da prática profissional não é uma simples justaposição de modos de prática, mas uma estrutura complexa, resultante do conjunto das relações e do modo de domínio que se estabelece entre elas, bem como de suas contradições".[12]

Retratando esta configuração, é suficiente retornarmos à década de 60, quando as concessões do agir profissional não mais condi-

---

12. BAPTISTA, Myrian Veras. "O Estruturalismo Genético de Lucien Goldmann e o Estudo da Prática do Serviço Social". *Serviço Social & Sociedade*, n° 21, p. 147.

ziam com a proposta do Serviço Social ante as condições políticas, econômicas e sociais do país, exigindo repensá-lo. Este repensar, divulgado pela América Latina, eclodiu em 1965, com o movimento da reconceitualização do Serviço Social, que teve o propósito de ser um movimento teórico-metodológico, numa tentativa de criar uma identidade entre a ação e as demandas reais inerentes à situação do país nesta época. Procurou "adequar a profissão às demandas de mudanças sociais registradas ou desejadas no marco continental",[13] como diz Netto.

A reconceituação intencionou dar maior consistência ao Serviço Social no que dizia respeito aos conceitos, à teoria, à prática, à metodologia e sua adequação à realidade.

Desse processo emergiu um pensamento cientificista-racionalista que segmentou duas vertentes no Brasil. Uma não marxista, representada principalmente por um grupo inicialmente hegemônico que participou dos Seminários de Teorização de Teresópolis e de Araxá, tendo vínculos reformistas-desenvolvimentistas. Esta vertente é denominada por Netto de *perspectiva modernizante*.

A outra vertente, com base em autores marxistas, era ligada ao movimento latino-americano que se propôs a reconceitualizar o Serviço Social sob uma perspectiva também científica, mas de uma atuação que tinha por eixo a dialética marxista e que se propunha a uma ruptura com as práticas e as representações do Serviço Social "tradicional". Tal visão fundamenta-se na crítica à prática tradicional e às suas referências ídeo-teórico-metodológicas para adequar as respostas da categoria às demandas estruturais do desenvolvimento brasileiro, enquanto elementos críticos, pela produção teórica ídeocultural, repensando a profissão e incluindo-a, notadamente, no debate acadêmico e político (e, freqüentemente, político-partidário).

Na primeira vertente, a relação com a prática profissional era mais possível, na medida em que não propunha uma ruptura, mas uma modernização que resgatava, adequava e ampliava, em um plano mais "científico-tecnológico", as práticas correntes do Serviço Social às exigências sócio-políticas envolventes no pós-1964. Por-

---

13. NETTO, José Paulo. *Ditadura e Serviço Social: Uma Análise do Serviço Social no Brasil pós-64*, 1991, p. 147.

tanto, esta vertente procurava favorecer o Serviço Social com fundamento e instrumentos apropriados e competentes para dar respostas às demandas tecnocráticas dessa época.

A segunda vertente, que objetivava uma "ruptura" e um "recomeçar de novo", tinha pela frente o desafio de reconstruir uma nova prática e uma nova instrumentação profissional; desafio que teve que se assentar em um "novo modo de pensar", o qual absorveu praticamente todos os esforços dos profissionais a ele filiados nos primeiros anos do movimento, e que tem ainda peso maior na preocupação profissional, em detrimento da instrumentação prática. Netto apropriadamente conclui: "Donde, no seu perfil, um flagrante hiato entre a intenção de romper com o passado conservador do Serviço Social e os indicativos práticoprofissionais para consumá-la".[14]

Não resta dúvida que a reconceituação foi um salto histórico no Serviço Social. Ela mexeu em sua estrutura, avançando na sua sistematização teórica, mas deixando lacunas de estratégias para as exigências do agir profissional. Além disso, o movimento não foi homogêneo. A operacionalização de suas idéias gerou várias controvérsias, desvios, conflitos; houve uma estereotipação externa da profissão e do profissional, do seu discurso e da sua ação.

A lacuna, a distância entre a teoria e a prática, tornou-se maior. Havia toda uma produção, um repensar que ficou quase intocado, na medida em que pouco foi refletido pela categoria profissional e nem sequer se aproximou do seu agir profissional. Esta situação representa, por um lado, um repensar do Serviço Social a partir de textos sofisticados, chegando ao máximo do cientificismo[15] e, por

---

14. Ibid., p. 147.

15. DANTAS, José Lucena. "A Teoria Metodológica do Serviço Social — Uma abordagem Sistêmica". *Documento de Teresópolis — Metodologia do Serviço Social, Debates Sociais*, suplemento n° 4, novembro de 1970. José de Paulo Netto considera a obra de Dantas congruente e muito apurada cientificamente, tornando-a sofisticada, muito sistêmica, acética e, portanto, de difícil acesso. É utilizada para estudos críticos, mais ao nível de Pós-Graduação. (Anotações minhas, de aulas de Netto, na disciplina Relações das Teorias do Serviço Social com as Questões Filosóficas Contemporâneas e as Ciências Sociais, ministrada em 1985 na PUC/SP, no curso de Doutoramento em Serviço Social.) Ele reafirma que Dantas foi o mais conseqüente e profundo teorizador

outro, o seu limitado rebatimento na ação profissional, na medida em que as idéias por eles preconizadas eram descoladas da realidade da maioria dos assistentes sociais.

Nesta complexidade, o que se apresenta? Uma variedade de posições: assistentes sociais que desacreditaram do Serviço Social, ao observarem um discurso dialético e uma prática conservadora; outros deixaram um pouco de lado a prática do Serviço Social nas Instituições, não buscando outras alternativas para a superação dessa prática. Para outros, o espaço do Serviço Social nas Instituições foi ocupado, contraditoriamente, tornando sua ação mais limitada e, ao mesmo tempo, quase ilimitada, caracterizando-se o profissional como "o que faz de tudo": é tarefeiro, é administrativo, é burocrático, é mecanicista, é paliativo etc. e quase nada faz do que identifica ser o Serviço Social como profissão específica.

Em contrapartida, alguns grupos de assistentes sociais aparecem abrindo espaços novos de ação profissional, mas essa ação se ressente da falta de concepções claras, coerentes, de pensamentos e, conseqüentemente, de estratégias viáveis de ação. As condições para as possibilidades dessas práticas eram por demais limitadas, entrando em decadência logo quando iniciadas, determinadas pela mudança do poder político no país.

A averiguação dessas práticas heterogêneas permite constatar nuances que levam a vislumbrar alternativas de ação, determinadas pelo posicionamento de alguns profissionais de algumas Escolas de Serviço Social. É aqui que a reconceituação encontra um terreno mais propício por alguns anos, definhando-se por conta da conjuntura. Exemplificando, temos o Método de Belo Horizonte e várias experiências dos então denominados "Projetos Pilotos" ou "Projetos Alternativos" do Serviço Social, preconizados por alguns cursos de Serviço Social (especialmente PUC/Belo Horizonte e PUC/São Paulo).

---

da perspectiva modernizante e que forneceu as mais adequadas respostas às demandas da época que amadureciam no processo renovador do Serviço Social no Brasil. Netto ressalta que Dantas apresenta um discurso severo, amarrado, congruente, apurado, com formulações sofisticadas. Contudo, faz a crítica de que Dantas "ergue andaimes extremamente complicados para uma arquitetura muito modesta" (p. 182). Ver a respeito: NETTO, José Paulo. Op. cit., p. 154, 180 e 182-186.

Este contexto pós-reconceituação é analisado por diversos autores, que fazem a retomada de vários aspectos do movimento já legitimados pelo Serviço Social,[16] embora o resgate crítico da totalidade deste movimento tenha sido feito, recentemente, somente por um pensador do Serviço Social: José Paulo Netto[17] que, ao refletir sobre as decorrências do movimento no Brasil, apresenta três características peculiares:

a. *Grande heterogeneidade*: a reconceituação pode ser vista como um bloco de movimento do passado, do qual uma análise mais aprofundada dissipa por completo "a ilusão de unidade que marcou a sua emersão"[18] (a unidade profissional que respondesse às problemáticas comuns da América Latina realmente não existiu). Netto considera mais adequa-

---

16. Não cabe ater-me a isto; há vasta literatura sobre a reconceituação. Apresento algumas: JUNQUEIRA, H. I. "Quase duas décadas de reconceituação do Serviço Social: uma abordagem crítica". In: *Serviço Social & Sociedade*, n° 4, São Paulo, Cortez, ano III, dezembro de 1980. LIMA, Leila S. "Marchas y contramarchas del Trabajo Social: Repensando la conceptualización". In: *Acción Crítica*, n° 6, CELATS/ALAETS, dezembro de 1979. NETTO, José Paulo. "A Crítica conservadora à Reconceituação". In: *Serviço Social & Sociedade*, n° 5, São Paulo, Cortez, ano II, março de 1981. PARODI, Jorge. "El Significado del Trabajo Social en el Capitalismo y la Reconceptualización."*Acción Crítica*, n° 4, Lima, CELATS/ALAETS, 1978. KISNERMAN, Natálio. *Sete Estudos sobre Serviço Social*. Petrópolis, Vozes, 1979. KRUSE, Hermann. *Introducción a la teoria científica del Servicio Social*. Buenos Aires, ECRO, Série ISI/1, 1972. CARVALHO, Alba M. P. *A questão da Transformação e o Trabalho Social*. São Paulo, Cortez, 1983. LIMA, Boris Alex. *Contribuição à Metodologia do Serviço Social*. 3. ed. Trad. Yonne Grossi, Belo Horizonte, Interlivros, 1978. ANDER-EGG, Ezequiel. *Reconceptualización del Servicio Social*. Buenos Aires, Humanitas, 1971.

17. Verificar em seu livro: *Ditadura e Serviço Social: uma análise do Serviço Social no Brasil pós-64*. São Paulo, Cortez, 1991, já citado, onde Netto resgata todo o movimento em si, e pós-reconceituação do Serviço Social e as vertentes e perspectivas, matizes e particularidades que estes foram tomando nesse processo. Ver, especialmente, da p. 127 à 308. Quanto às características aqui apontadas remetem-se às idéias retiradas das anotações de aulas, ministradas por José Paulo Netto, em 1986, na disciplina que cursei — Relações das Teorias do Serviço Social com as questões Filosóficas Contemporâneas e as Ciências Sociais, no Programa de Doutorado em Serviço Social — PUC/SP. Contudo, aqui faço ressalvas e amplio essas idéias, confrontando-as com o atual livro de Netto, acima citado.

18. NETTO, José Paulo. *Ditadura e Serviço Social: uma análise do Serviço Social no Brasil pós-64*, 1991, p. 148.

do chamar-se a reconceitualização de um conjunto de movimentos, de perspectivas.

b. *Descoberta do Marxismo*: "É no marco da reconceptualização que, pela primeira vez de forma aberta, a elaboração do Serviço Social vai socorrer-se da tradição marxista (...) e o pensamento de raiz marxíana deixou de ser estranho ao universo profissional dos assistentes sociais",[19] especificamente a partir de 1975. Contudo, a teoria marxista foi apropriada no Serviço Social de uma forma muito discutível, apressada e, por via indireta, de fontes secundárias (especialmente via Althusser e Gramsci). Este fato é cúmplice de que a divulgação e a produção do pensamento de Marx chegue ao Serviço Social com desvios e ecletismos.[20]

c. *Ausência de possibilidades de prática:* a nova concepção do Serviço Social mostrou-se, na década de 70, impossível de ser implementada imediatamente, em termos práticos, sob a referência marxista. Quando emergiram as primeiras tentativas, entraram em colapso os espaços, as condições para as possibilidades da prática profissional, pela pressão do poder político. O panorama que se tem, então, é de um salto teórico-metodológico e uma ausência de rebatimento destes, na concretização prática.

3. O conteúdo da supervisão presente nos depoimentos das professoras

Analisando as falas das três docentes sobre o material, objeto da Supervisão em Serviço Social, Toledo deixa clara sua posição e enfoca a relevância da abordagem do conteúdo da Supervisão sob três aspectos: sua clarificação, sua especificação e sua delimitação. Veja-se:

---

19. Ibid., p. 148.
20. Hoje, em vários momentos e organizações da categoria profissional, busca-se fazer o resgate desses vazios e vieses.

"No Curso que nós dávamos, o como dar a Supervisão, a concepção da educação... Mas faltava o conteúdo, que era o principal. Não adianta saber o como, se eu não sei o *quê*. Mas era uma situação que não sabíamos oferecer o *quê*. Era uma situação de muitas dúvidas, de muitos vai e vens! (...) Complementando, se o *quê* — a que me estou referindo — é uma concepção de profissão, que é o conteúdo, não adianta eu dizer: 'a forma que eu acho que é como a gente faz no curso: o que é Supervisão? Como dar a Supervisão? A metodologia? Toda aquela metodologia etc.' Acho que, ali, passamos uma concepção de educação. Quer dizer, o que a gente concebe como Supervisão e como dar Supervisão. Só que nós não passamos — não sei se é uma falha do curso, ou se isso é uma falha anterior até de nossa clientela que são [sic] de profissionais — o que é a concepção de profissão."

"A Supervisão em Serviço Social pressupõe, necessariamente, uma concepção de educação e uma concepção de profissão — porque como é específico em Serviço Social, eu não posso supervisionar se eu não tenho claro que proposta, ou que concepção de profissão eu tenho para debater com esse aluno, para passar para esse aluno. Isso vale para qualquer profissão: medicina, psicologia etc. Eu tenho que ter claro como ensinar e o que ensinar — a forma e o conteúdo. Para mim, a Supervisão é uma forma de ensino. Então, no caso do Serviço Social, o conteúdo é a profissão hoje no seu debate; ela não está fechada e acho também que em nenhum momento a gente pode passar uma profissão fechada."

"No fundo, a Supervisão não tem sentido se ela não tiver acompanhando este debate. Não adianta afirmar que ela é muito importante, que é assim, é assado — mas ela deve ter um conteúdo claro. Para mim, o conteúdo é este. Talvez se você falasse com outra pessoa, seria outro, porque não há um consenso na profissão. Estamos hoje num pluralismo, mas pluralismo velado, porque ainda não está aberto ao debate. Mas eu não acho isso ruim; eu acho isso rico; acho isso legal; o ruim é não ter debate! (...) Isto é o que eu conceberia como conteúdo e forma da Supervisão — você estar partindo das atividades do aluno... (...) Acho que se deve partir do que o aluno sente e pensa como material muito importante na Supervisão..."

Em um primeiro momento, Toledo salienta e reforça, por diversas vezes, a importância de deixar claro o conteúdo, de definir-se o objeto da Supervisão, pois, à medida que o conteúdo da Supervisão é distinguido e está evidente para o aluno, este se sentirá situado, amparado e confiante e o processo da Supervisão fluirá com mais tranqüilidade. É dito claramente: "...o conteúdo da Supervisão é a profissão hoje no seu debate..."

São destacados dois pontos relevantes: primeiro, que contempla a totalidade da profissão hoje, extrapolando o agir profissional dos dois agentes envolvidos no processo da Supervisão — supervisor e supervisionado, e acrescenta "a profissão no seu debate". Esta fala parece desvelar a concretude da pluralidade da profissão, que aparenta hoje reconhecer-se como enriquecedora. No entanto, indago o que determinou Toledo a, enfaticamente, destacar como conteúdo "a profissão no seu debate?" O movimento histórico pelo qual passava o Serviço Social dá a explicação.

Houve uma tendência pós-reconceituação ortodoxa que abordava e segregava os profissionais que não aderissem e não pensassem como um determinado grupo, dito "marxista". Este fato ocasionou divisões na profissão, retardando o seu desenvolvimento e progresso científico, com uma certa insegurança, apatia, atuação na "surdina" por parte de outros profissionais, e um descrédito ao grupo anterior, pelas contradições imensas entre o seu discurso e a sua prática. Esta tendência infiltrou-se em muitas práticas do Serviço Social, inclusive, até prioritariamente, no meio educacional. Toledo desabafa, por diversas vezes, em relação a isto:

> "Eu vi, na PUC, como os supervisores vinham ávidos para receber alguma coisa! (...) Mas era uma situação que não sabíamos oferecer o quê. Era uma situação de muitas dúvidas, de muitos 'vaivéns'! Havia alguns debates tímidos porque os grupos dentro da faculdade não apareciam defendendo uma coisa, defendendo outra, para poder gerar o debate. Sentia-se muito a patrulha ideológica e isso dificultava a emergência do debate. Tipo assim: 'se você não reza esta cartilha, você não é das nossas'! O local onde nos soltávamos mais era o de sala de aula. A gente podia dizer, com facilidade, o que se pensava, até o momento em que o que nós dávamos começou a ser controlado por conta da avaliação do curriculum. Daí diminuiu o espaço das nossas ações — do que poderíamos estar fazendo. (...) Estamos, hoje, num pluralismo, mas pluralismo velado, porque ainda não se está aberto ao debate. Mas eu não acho isso ruim; eu acho isso rico, legal; o ruim é não ter debate!"

E continua, dando um impulso e apontando uma saída a este problema da profissão:

> "Nós estamos sofrendo mudanças incríveis, seja na área da tecnologia, seja na área das relações sociais etc. Tem aí uma nova Constituinte — o que ela pode trazer de modificações? E é muito mais gostoso você debater com outras pessoas do que ficar só e se virar! Só que se tem de deixar os julgamentos de lado, as patrulhas ideológicas, os rótulos e ter coragem de colocar o debate na mesa — senão a gente não vai avançar. É necessário ter este espaço democrático. A nossa profissão precisa deste espaço democrático. A sociedade civil já o conseguiu e nós ainda não! Precisamos do espaço democrático do debate!"

Esses depoimentos de Toledo desvendam sua abertura na profissão, para o debate, que revela as diversas contradições, conflitos e configurações subjacentes do Serviço Social.

O segundo aspecto relevado por Toledo é o de que não basta explicitar o conteúdo, mas é preciso delimitá-lo. Sugere como parâmetro ter como ponto de partida o que o estagiário pensa, sente e expressa de sua atividade: "Acho que se deve partir do que o aluno sente e pensa, como matéria muito importante na Supervisão", ou seja, levar-se em consideração a sua individualidade.

O que desvela tal posição? Uma concepção de relação aluno-supervisor; onde o aluno seja respeitado em sua individualidade e em suas expectativas, o que certamente o conduzirá à segurança e à motivação no processo ensino-aprendizagem, pois saberá o que vai fazer no estágio e as atividades não lhe serão impostas, mas escolhidas e priorizadas por ele junto com o supervisor. Este depoimento revela, também, uma concepção de educaçaó não-bancária, em que o supervisor não é depositário do saber: leva-se em consideração os conhecimentos, as visões de mundo, os sentimentos do aluno estagiário. Portanto, o processo da Supervisão desenvolve-se numa relação profissional dialógica, democrática, em que ambos — supervisor e supervisionado, como sujeitos coletivos — aprendem e ensinam conjuntamente.

Esclarece ainda ser proeminente, no processo da Supervisão, discutir e assumir, junto com o aluno estagiário, uma concepção de profissão e de educação, sem, contudo, ser radical nesta posição.

A delimitação do conteúdo favorece ainda que a Supervisão tenha uma direção a ser perseguida. Toledo expressa: "não adianta eu saber que tenho que 'cutucar' o aluno a questionar, mas questionar *o quê, para quê?*" Um conteúdo muito vasto torna-se vago e improdutivo. Ela sugere a escolha de algumas categorias de conteúdo para discussão no desenvolvimento da Supervisão. Observe-se:

"Porque na Supervisão, às vezes, aparece um contexto muito amplo, muito grande; facilitaria, talvez, delimitarem-se algumas categorias para serem discutidas na Supervisão. Isto facilita, se você for professor da Faculdade. Já sabemos o que deve ser discutido com os alunos, obtendo ele o mínimo necessário para sair com algumas noções um pouco mais apuradas e com um 'jogo de cintura', para trabalhar."

Em outras palavras, Toledo passa a detalhar o material da Supervisão no cotidiano do estágio, conteúdo este que abarca desde particularidades da rotina de trabalho até temas mais abrangentes.

Apresenta, como matéria-prima a ser refletida na Supervisão, a atividade do aluno, a sua intervenção: no que consiste, como é desenvolvida, sua relevância, a visão do aluno sobre o que ele faz:

"Isto é o que eu conceberia como conteúdo e forma da supervisão — você estar partindo das atividades do aluno: 'O que ele faz? Como ele faz? O que ele opina sobre o que faz? É importante? Não é? Qual é a repercussão disso que ele está fazendo?' Ele tem que começar a pensar daí — pensar, questionar o que ele faz: essas coisas, esses detalhes. Mesmo que seja o mínimo, não tem importância nenhuma! Exemplo: estou arrumando um arquivo: Para que serve este arquivo? Será que sou eu que tenho que fazer? Ou não? Como é que está organizado este arquivo? Qual a importância deste arquivo para a instituição? Quer dizer — é uma forma de questionar. Ou ele está atendendo uma pessoa: Como ele atende? Por que ele tem que fazer as perguntas que estão na folha de rosto? Existem outras? Isto fortalece o aluno para interferir na instituição, para criar um vínculo com o supervisor, que vai além das orientações de rotina do trabalho..."

"A forma como ele atende, como ele faz uma entrevista, como ele vê o cliente, como ele se relaciona com o supervisor, com os outros profissionais, com as pessoas de mando, ou seja, esmiuçando o que ele faz, a partir de como ele sente, de como ele traz, para conseguir fazer leituras maiores, os chamados 'vôos teóricos', que sempre se cobrou de nós!"

Nesta perspectiva, perpassa ainda pelas suas idéias a visão de homem (usuário), de mundo, de profissão, de Supervisão e de educação como conteúdo da Supervisão.

Outro assunto ressaltado por Toledo é a questão das relações, que vai desde o relacionamento com o usuário, com o supervisor, com outros profissionais, com pessoas com cargos de chefia, até a análise acurada do conteúdo dessas relações no contexto social. Assim ela se expressa:

> "No fundo, isso é o próprio conteúdo da Supervisão — o Serviço Social nas suas relações sociais, dentro do sistema capitalista e os serviços que presta; considero que isto entra muito ao nível formativo e, ao mesmo tempo, como estratégia de ação."

Fica acentuado o destaque que ela dá ao detalhamento sobre o conteúdo relacionado à Instituição Campo de Estágio, que intenta a sua compreensão: as regras e normas da instituição, a política institucional, as questões do poder formal e informal, da administração, das alianças que se tramam no âmbito institucional, o papel da instituição nas relações institucionais mais amplas, a política social, a estratificação social configurada na instituição, as diretrizes da Política Social, o funcionamento da engrenagem da instituição. O discurso abaixo elucida tal assunto:

> "Acho que se deve partir do que o aluno sente e pensa, como material muito importante na Supervisão. Ele pode estar entendendo, de alguma forma, todas as regras da instituição, as normas, as políticas dentro da instituição, mas se eu não trabalhar com as imagens e representações que ele faz disso tudo, que pode estar muito ligado a uma visão conservadora da realidade, eu não vou mudar nada; não vou inovar nada e não vou colocar o verdadeiro sentido da formação profissional. Não dá para negar isso! Como também não se pode ficar só no âmbito do psicologismo das relações. (...) Eu considero a questão das políticas sociais um dos aspectos mais importantes das questões institucionais e contextuais — que é o que está dando as regras para o trabalho: o que é que você faz? E ainda têm as outras categorias insti-

tucionais, que vão, talvez, além das teorias da administração, para que se possa entender melhor as questões do poder formal e informal, principalmente. A questão das alianças! Aí entra o jogo mesmo das relações do micro — são todas as relações micro que o aluno estaria trabalhando — mas que são muito importantes porque, se o aluno se perde nestas, ele vai ter muitas dificuldades para entender as categorias mais amplas: por que ele está naquela instituição? O papel dela na rede institucional ampla, a Política Social que a orienta etc."

"Acho que ficamos muito com os 'marxismos da vida' e não ensinamos ao aluno ler a realidade, mesmo neste aspecto, ou seja, toda parte que chamamos de funcionalismo moderno tem que ser dado e muito bem dado; aí se pode fazer a crítica, porque é esta forma e esta linguagem que estão aí, no dia-a-dia. Como é que se faz uma leitura de uma estratificação social numa instituição? Dos postos de poder formais e informais? Com quem eu procuro aliança? Então, são leituras necessárias..."

Outro aspecto relevante na Supervisão é como se processa a sua operacionalização, aspecto este destacado por Toledo: "A forma... o como dar Supervisão é importante! (...) Tenho que ter claro como ensinar e o que ensinar: a forma e o conteúdo. (...) Acho que se deve partir do que o aluno sente e pensa, como material muito importante na Supervisão..."

É evidente a significância do procedimento metodológico no processo da Supervisão. O que vale dizer que a estratégia vem a ser o meio através do qual o supervisor e o supervisionado vão adquirindo a capacidade de reconhecer, compreender uma dada realidade, planejar uma ação, exercitar suas habilidades, aplicando determinados procedimentos e instrumentos adequados a cada momento histórico do processo ensino-aprendizagem, do processo da sociedade, repensados a partir das novas justificativas pessoais e sociais que direcionam o pensar e o fazer do Serviço Social. Nesta medida, a estratégia de ação na Supervisão deve ser cuidadosamente estudada e avaliada constantemente no próprio processo.

Toledo, no excerto de seu depoimento, citado anteriormente ("Isto é o que eu conceberia como conteúdo e forma da Supervisão..."), releva que o meio, a forma, a estratégia a ser utilizada deve partir do conteúdo — objeto da supervisão; "da atividade do aluno". Sua fala, desvela alguns pontos pertinentes à maneira de proceder a Supervisão: as estratégias na ação supervisora ficam claras quando estão imbuídas de uma intencionalidade definida, manifesta ou latente. O conteúdo da Supervisão apresenta muitas variações, o que muitas vezes induz à perda, ao descaminho da capacidade de manipular todos os fatores e planejar todas as ações. Isto implica que deve haver reflexão sobre o que se faz e flexibilidade na forma de conduzir a Supervisão (sem desconsiderar que a realidade social, em constante mudança, interage nesse processo). Ela exemplifica alguns meios e técnicas por ela empregados na ação supervisora: o pensar, o questionar, o documentar, o orientar. Apresenta ainda outras formas, reportando-se especificamente ao recurso psicodramático e ao de reunião de grupo:

> "Por isso eu fiz Psicodrama, acredito nas técnicas, nas propostas facilitadoras, nos jogos.[21] Porque, de fato, se o aluno descobre — e é um processo mais lento do que se dar pronto —, ele internaliza e consegue, depois, dar uma resposta mais rápida. Mas existem horas e momentos em que nós temos que dar estes instrumentos a ele. Isto, também, a gente esquece e que é a grande questão sobre os instrumentos dentro da profissão. E a supervisão deve ser, talvez, um dos pontos fundamentais do trabalho, via a parte instrumental do Serviço Social."

E desabafa, em relação às críticas havidas quanto ao uso desse instrumento no Ensino e na Supervisão, quando no curso de Serviço Social da PUC/SP acentuava-se o sociologismo:

> "Por exemplo, eu me lembro de todo nosso empenho dentro de técnicas psicodramáticas — para ensinar melhor — para o aluno poder descobrir as coisas; ver a parte do sentimento dele. Eu me sentia dando Supervisão. E vieram as críticas de que isso era terapia; de que

---

21. Trata-se de técnicas psicodramáticas que se utilizam para aquecimento de discussão de um grupo, ou para iniciar uma integração vivencial e grupal, destacando-se o conhecimento e a dinâmica do grupo. São consideradas técnicas facilitadoras, usadas no processo ensino-aprendizagem que conduzem não só ao conhecimento sociométrico do grupo, mas à apreensão do conjunto de conhecimentos variados, tais como o agir profissional, o exercício do papel de aluno e de estagiário, seus outros papéis, conteúdos teóricos e acadêmicos experenciados, afetivos, relacionais, familiares, sociais, culturais, econômicos etc.

isso era psicologismo, ou seja, você partir do que o aluno está pensando, do que está sentindo, isto é psicologismo! Só vale a cabeça, a teoria e de uma forma até 'vomitando' jargões! É isto que conta! Eu não acredito neste caminho!"

E continua apresentando a reunião grupal como meio a ser utilizado na Supervisão:

"Ou, então, como o pessoal da coass — Coordenadoria do Bem Estar Social —, que propôs a Supervisão em grupo e junto com a equipe. É uma outra proposta. Acho que isto é um avanço que só pode ser possível numa linha de trabalho onde se conte com uma equipe de profissionais; mesmo assim, questiona-se a validade disso, porque muitas vezes falava-se isso e não se fazia nada. Substituíam a Supervisão por reunião de trabalho, o que não é! Supervisão não é uma reunião de trabalho; ela precisa de uma reunião, mas não é uma reunião rotineira, administrativa de trabalho. Ela talvez lide com os conteúdos das reuniões de trabalho, mas ela não é!"

"E aí, grupos muito pequenos, talvez menores ainda dos que nós tínhamos em Estágio Supervisionado — no sentido individualizado — como têm nas faculdades de Psicologia, de Pedagogia — eles trabalham com grupos menores que os nossos. Eles têm o supervisor da escola; então esta visão é um avanço; é uma prática que é mais adequada, mais eficaz. (...) Se, por exemplo, neste momento ela pudesse ter uma Supervisão, seria interessante; só que ela vai ter uma Supervisão hoje, na forma do debate. Seria bom para ela crescer e, talvez, não só com uma pessoa — se ela pudesse ter com mais pessoas, para poder encontrar uma concepção ou chegar a um consenso, ou alguma coisa que dentro dela diga: 'é por aí'"!

Suas três falas, versando sobre a reunião de grupo, mostram a importância deste recurso na Supervisão em Serviço Social. Partem de vivências grupais, onde há possibilidade de trocas, de questionamentos, de debates. Contudo, faz a ressalva de não substituir este instrumento pelo da reunião de equipe, na perspectiva administrativa-burocrática 'e de controle da rotina de trabalho, o que, infelizmente, comumente acontece.

Marques é a docente que mais se atém à matéria-prima da Supervisão, conteúdo este que vem à tona, à medida que fala e detalha sobre a sua vivência de supervisora. Expressa vários aspectos pontuados por Toledo, como a necessidade de clarificar e delimitar o conteúdo a ser objeto de reflexão entre supervisor e supervisionado. Contudo amplia suas considerações, atendo-se especificamente ao procedimento metodológico, ao processar a Supervisão, exemplificando extensamente o uso dos instrumentos e técnicas nesta operação.

Ela alerta para a necessidade de se determinar o conteúdo a ser objeto e análise entre o supervisor e o supervisionado, partindo da justificativa de que o aluno, que está iniciando o seu estágio e que se depara com o novo (a prática, a Instituição Campo de Estágio, o supervisor, os outros profissionais, o usuário etc), que tem um maior domínio teórico do que prático-técnico, nem sempre tem base, condições e referências para delimitar o conteúdo da Supervisão, mesmo porque pode não ter a percepção do que lhe é prioritário. Daí caber ao supervisor auxiliá-lo a direcionar-se para questões pertinentes do seu estágio e da sua formação profissional. Ela assim se expressa:

> "Às vezes o aluno trazia para a Supervisão coisas variadas e não aparecia a população. Eu discutia com ele a instituição, discutia o Serviço Social, os outros profissionais, discutia o objetivo da instituição e, de repente, eu percebia que, em duas horas de planejamento, só não tinha aparecido o fundamental — que é o sujeito da população. Aí, eu retomava as questões da formação, a que a nossa profissão nos remete o tempo todo: 'Para quem estamos trabalhando? Que opção fizemos de concepção de homem e de mundo?' Em função disso tudo é que eu vou selecionar os meus instrumentos (...) ...desde o conhecimento do jornal até uma pesquisa sistematizada da população, da instituição. A disciplina de PIP (Projeto de Investigação e Prática) tenta ajudar um pouco o aluno a conhecer a história da instituição, sua estrutura organizacional, o que a compõe, quem são os profissionais que estão nela, que serviço ela oferece à população, que vínculos tem o plano desses serviços com o resto — para que o aluno possa se situar um pouco. Pela nossa experiência do ano passado, eu percebo que, depois de muito tempo que o estagiário está na instituição, é que ele começa a se fazer as perguntas mais fundamentais, quando ele deveria estar dominando isto na primeira semana. Por que eu estou aqui? Por que o Serviço Social está aqui ? Como ele vai conhecer o sujeito da população, entrar em contato com ele, sem saber dessas coisas? (...) Você vai poder sentar comigo e discutir um pouco o que é mais valioso do seu

dia-a-dia para você se encontrar, para você não se dispersar. Tem um conjunto muito grande de solicitações, na realidade, por uma indiferenciação da profissão, e eu acho que o aluno fica um pouco a reboque disso, sem ter respostas muito claras. Eu sinto que o que ele mais precisa hoje é descobrir o que é mais valioso, que contribuição é mais rica."

As declarações de Marques desvendam ainda a defasagem na formação profissional do aluno e o fato de ele não se sentir situado na direção de sua aprendizagem e de ter dificuldades em fazer as relações entre a teoria e a prática, entre o contexto interno e o externo da profissão, entre o seu estágio e a Instituição Campo de Estágio. Por vezes, esta defasagem é acentuada quando o supervisor não está habilitado para dar Supervisão, e esta se dá de uma forma ineficaz, insegura ou parcial (quando se restringe só à Supervisão administrativa, limitando-se a ensinar a rotina das atividades da instituição), ou ela inexiste, como sobejamente confirmam diversos depoimentos já analisados.

Muitas vezes o conteúdo abordado na Supervisão não é percebido na sua globalidade, mas é visto isoladamente, como se fosse totalmente novo, apenas porque as questões práticas e objetivas envolvidas podem ser tiradas de uma vasta gama de atividades, desde aquelas relacionadas aos programas desenvolvidos pelo Serviço Social, aos usuários, até a rotina diária. Marques clarifica ainda mais tal assunto, bem como a dicotomia do conteúdo da Supervisão, relacionado ao contexto maior:

> "Lembro-me de uma aluna de terceiro ano — ela estava no meu grupo de Supervisão e, um dia, casualmente, ela ficou depois do horário e me pediu para dar uma olhadinha no trabalho escolar de Administração em Serviço Social. A questão que ela me colocou foi a seguinte: 'Esclareça uma relação entre os objetivos da Instituição e os objetivos do Serviço Social e emita seu ponto de vista a respeito'. Ela já tinha respondido e queria que eu desse uma olhadinha. Ela colocou mais ou menos assim: que existia uma correlação muito próxima entre eles; que o Serviço Social conseguia, através da prestação de serviços, facilitar a possibilidade de o cliente usufruir, da melhor forma possível, do tratamento. Ela tinha um nível teórico muito elevado e um nível de vivência, de seriedade, de compromisso no executar as

tarefas dela. E, quando eu vi aquele material, eu pensei: 'Puxa vida! É tão clara a distância que existe entre o objetivo da instituição e do Serviço Social! Se não fosse assim, não viveríamos um dilema tão grande. E como ela não percebeu isto?' Foi aí que eu percebi a questão do distanciamento do contexto. Comecei a incluir, daí para frente, nos planos de estágios, conteúdos de política, de saúde, de Plano Nacional de Saúde etc..."

Além do mais, o conteúdo restringido deve ainda estar circunscrito no tempo, ou seja, quando é mais viável discutir-se tal e tal assunto com o aluno? Dessa forma, os determinados momentos de aprendizagem do aluno devem ser respeitados. Assim, deve ser observada a situação global do contexto onde o estágio se desenvolve, quando o aluno inicia o estágio, quando já conhece a Instituição Campo de Estágio e a realidade onde vai atuar e quando domina os serviços e recursos à disposição dos usuários e quando já se sente seguro para o desenvolvimento da prática profissional propriamente dita.

Além das idéias anteriores, Marques detalha e exemplifica o conteúdo a ser objeto da Supervisão, conteúdo que identifica-se com o de Toledo. Aborda sobre o conhecimento da instituição (retrospectiva histórica, estrutura organizacional, recursos, programas destinados à população, relações e alianças, objetivos da instituição); sobre o Serviço Social (o que é, seus objetivos, qual é seu usuário, os profissionais assistentes sociais, as relações do Serviço Social com o contexto mais amplo e que exigem conteúdos específicos, como política social, de saúde); sobre conteúdos atinentes ao agir profissional (relação assistente social-usuário, a questão dos instrumentos, das abordagens individual e grupal, das atitudes e habilidades profissionais das situações trazidas pelos usuários); sobre a concepção de homem, de mundo. Em síntese, conteúdos de Supervisão relacionados à formação profissional do aluno e ao cotidiano de seu estágio:

"E me lembro, lá na clínica, da minha prática como supervisora — sentia que eu tinha muita contribuição a dar para o aluno. Sentia que eu tinha uma certa construção profissional que me permitia estar recuperando o atendimento de caso com ele, a atividade grupal, vivendo de uma forma distanciada e ampliada os detalhes do cotidiano do aluno: de seu atendimento, de como ele estava vendo a instituição, de como ele estava vendo a pessoa com problema psicológico, de como ele estava vendo sua relação, o estudo sócio-econômico etc... (...) Eu me lembro de uma das experiências mais gratificantes nos Cursos de Supervisão. Foi uma turma da PUC de Campinas. Era dezembro, o curso já estava bem avançado e eu tentei fazê-lo da forma mais dinâmica possível. E uma das supervisoras de lá se dispôs a trazer a prática da sua Supervisão para olharmos e para fazermos a ponte com o material teórico... Esta supervisora tinha uma aluna-estagiária, pela primeira vez, e tinha uma vinculação com outros supervisores da Promoção Social. Ela colocou que a aluna trazia questões assim: 'O que eu vou fazer aqui nesta instituição de menores? Qual é a minha população?' (...) Porque o aluno tem que ter uma formação ampliada do papel profissional e todos os sujeitos com quem ele estiver envolvido na formação do papel profissional, vão ser uma referência..."

E culmina, sintetizando o universo de conteúdos que a Supervisão pode abarcar:

"Eu acho este processo de Supervisão tão rico, de uma maneira tão nítida! Ele traz conteúdo de natureza pessoal da maior intimidade, ele traz conteúdo de natureza didática. Ele remete às questões de como estou desenvolvendo este papel, que relação estou estabelecendo com este aluno, de natureza profissional!"

O como operar a Supervisão perpassa pela própria forma de Marques relatar seu pensamento sobre a mesma, ao ser entrevistada. A todo momento, entremeia seus depoimentos com referências de como procede a ação, não só como supervisora, mas como docente e pessoa (ora cita exemplos enquanto docente, ministrando aulas ou falando com alunos, ora enquanto supervisora, dando Cursos de Supervisão e supervisionando alunos e profissionais, ora enquanto mãe, esposa, relatando fatos de sua vida cotidiana).

Em relação a esta temática, Marques também traz à tona a visão de Toledo, sobre conteúdo da Supervisão partir dos sentimentos e das atividades do aluno, exemplificando o relato vivenciado de Supervisão de uma sua aluna profissional-supervisora:

"Como essa supervisora era uma pessoa que tinha tido uma experiência de Supervisão muito inconsistente, ela tinha a preocupação de não reproduzir o que tinha vivido. Era uma pessoa muito séria em termos profissionais. Assumiu com muito compromisso a Supervisão! Eu elaborei com ela o tipo de Supervisão que estava fazendo. Era uma Supervisão em processo. Ela não usava aquela Supervisão formal: 'Tal dia você vai selecionar e preparar um material e vai trazer para cá!' Ela terminava uma entrevista e vinha e discutia comigo, mas não só discutia o processo que a aluna estava vivendo, como também dava um destaque para o fato de ser uma reunião de Supervisão: O que desse contato foi importante para você? O que você sentiu? Como você sentiu a condução de sua conversa em relação a esta mãe, a esta criança? Que material você coletou? É suficiente? É significativo para você definir algum plano de abordagem dessa família, ou não é? Ela foi trabalhando todos esses elementos através desse contato."

"Por exemplo, um aluno que gostaria demais de viver uma experiência de grupo — deixar, permitir que ele consiga montar e viver aquilo; mesmo ainda que você pense: 'Puxa! Isto não pode dar muito certo!' Mas é importante que ele faça isto, que ele viva uma situação de entrevista ou de encaminhamento um pouco do modo dele, que ele comece a bolar.uma pesquisa, que ele comece a participar de algumas coisas autonomamente."

Um ponto que ela sobreleva aqui é o partir-se das necessidades e expectativas do aluno e do que ele é: "O que desse contato foi importante para você? O que você sentiu? (...) Deixar, permitir que o aluno consiga montar e viver aquilo... (...) Mas é importante que ele viva uma situação... um pouco do modo dele... que ele comece a participar de algumas coisas autonomamente".

Este conteúdo desvela a concepção de aluno e de educação de Marques, afinando-se também com a de Toledo: a de um ser livre que sabe e deve ser respeitado no seu processo pessoal e de ensino-aprendizagem. Marques se refere aos insumos freirianos, o que analiso no meu livro *Supervisão em Serviço Social*, no capítulo primeiro.

Outro cariz que Marques destaca é ser a matéria-prima da Supervisão que vai determinar os procedimentos metodológicos; tal assertiva deixa entrever quando diz que é em função do conteúdo a ser discutido que "eu vou selecionar os meus instrumentos".

É de relevância assinalar que desponta, em sua fala, a importância que atribui à estruturação do Estágio e da Supervisão do aluno, dos procedimentos e dos diversos instrumentos e técnicas que permitem uma melhor Supervisão:

"Eu procuro mostrar ao aluno em que eu já avancei. Eu digo: 'Você vai para a enfermaria fazer uma entrevista. Está aqui nosso roteiro de como fazer uma entrevista. Vamos discutir, vamos ver o que é importante, vamos ver deste atendimento o que você vai fazer, a que ele se destina: é um encaminhamento? É uma solicitação de alguém da presença do Serviço Social por estar com alguma questão para discutir? É uma questão de alta, que precisa de algum tipo de auxílio concreto? O que é que é?' Daí eu elaboro um pouco com ele, planejo aquele atendimento, porque eu quero que ele tenha a coisa estruturada para chegar lá e sentir-se instrumentado para ir se soltando."

"Eu valorizo muito o Plano de Supervisão dentro de uma instituição que assume a Supervisão. Eu fazia isto no hospital e o pessoal se interessava muito. Quem queria dar Supervisão se reunia uma vez por mês e discutia: 'O que é isto? Como nós vamos fazer isto? Que importância tem isto para esta realidade?' (...) Você planeja, você define o que quer atingir e, às vezes, no início do processo, ou pouco depois do início, você fica se perguntando o que realmente conseguiu. (...) Depois discutimos também como ela (supervisora) fazia a avaliação. Era um processo constante. Trabalhamos a questão da avaliação como um recuperar do vivido para planejar os passos seguintes. E ela ia fazendo isto. Quando a Faculdade mandou o material para avaliar, ela abandonou alguns itens por conta própria."

Esses depoimentos reportam-se ao processo de planejar o ensino-aprendizagem: " é preciso planejar a Supervisão (...) planejar sempre os passos seguintes (...) Daí eu 'bolava' um pouco com ele, planejava aquele atendimento (...) a gente programa etapas e analisa um pouco como é que se dá a aprendizagem do aluno em termos de um processo acumulativo".

É sumamente necessário o planejamento do estágio do aluno, da Supervisão, embora deva ser flexível, pois tenciona atender à demanda da realidade do processo da Supervisão — situada no momento e na contextualidade sócio-histórica. Nesta perspectiva, Marques continua exemplificando sua vivência de supervisora, o como fazer a Supervisão, mostrando como ela se processa junto com o aluno. Processo que tende a ser gradativo e acumulativo em termos de ação prática e de aprendizagem (depoimentos anteriores também enfocam estes aspectos, quando relata sobre a experiência de uma profissional, supervisionada por Marques):

"Então a supervisora começou com o jornal. A aluna leu o jornal na primeira semana e então procurava identificar o que trazia, da problemática do menor, do abandono, do internato, de toda a questão que envolvia este tema. Paralelamente, a supervisora fez a seguinte proposta para a estagiária: você vai fazer junto comigo; onde eu vou fazer uma entrevista, você vai. Então ela conjugou a leitura do material de senso comum (que qualquer pessoa poderia ler sobre a questão), com a presença da aluna no dia-a-dia com ela. Ela ia fazer uma visita, levava a aluna; ia fazer uma entrevista de internação, a aluna estava ao lado; ela ia até ao pátio manter algum contato com uma criança, a aluna estava ao lado. Além disto, montou um esquema para a aluna ficar atenta numa primeira observação espontânea e também com um pouquinho de sistematização em torno do dia-a-dia da supervisora na instituição. A estagiária já ficou atenta. Em qualquer momento dela na instituição a sua percepção estava atenta para tudo o que estivesse acontecendo no ambiente. Em relação aos outros profissionais, a supervisora chamou a atenção da aluna para alguns pontos que eram importantes ela conhecer. Depois ela foi conjugando as leituras, um pouco mais sistematizadas, de periódicos, de revistas especializadas, e foi selecionando material da profissão sobre a questão do menor, experiências da própria instituição, da Promoção Social. A estagiária tinha algumas atividades em conjunto com outras alunas de outros locais da Promoção Social e a supervisora, que assumia esse agrupamento de alunos, também trazia a experiência para discutir. Era um pessoal muito disponível! No início, a supervisora havia declarado que não tinha um Plano de Estágio. Então nós fomos recuperando toda essa vivência e ela foi indo para o conhecimento mais sistematizado e foi montando com a aluna as atividades. O que você vai fazer? Qual vai ser a sua atribuição? Qual vai ser a minha? Ao longo do tempo, ela se sentava periodicamente com a aluna e discutia estas questões e a aluna foi assumindo gradativamente, cada vez mais, o trabalho junto com ela."

"Naquele momento, eu fui recuperando: você tinha um Plano de Estágio, embora não o tivesse por escrito; você tinha organizado na sua cabeça as atividades que a aluna tinha que desenvolver; existia uma cronologia nisso; existia uma idéia de que ela começaria com atividades mais simples, tais como conhecer a instituição, para depois entrar no dia-a-dia do sujeito, na instituição e no dia-a-dia dos profissionais. Fomos puxando toda a montagem do plano — como deveria ser, a partir do que ela viveu. Agora, o que eu observo (e por isso comecei falando da questão do processo), é que a Supervisão envolve um tempo, um conjunto de vivências imprescindíveis. Embora se programe etapas e se analise como é que se dá a aprendizagem do aluno em termos de um processo acumulativo, na realidade o processo se desenvolve em outro ritmo."

O relato acima, além de traduzir a sua forma própria de supervisionar, manifesta o uso de instrumentos e técnicas que Marques incorpora nesta sua ação peculiar. Assim, por diversas vezes fala em Plano de Estágio, em Plano de Supervisão, em reunião de grupo, em entrevista de Supervisão, em reunião de equipe, em avaliação, em discussão, em trocas de experiências, em questionamento, em reflexão, em observação, em contatos com outros profissionais, em estudo de caso — todos meios ricos e cujo uso deve ser variado, mesclado e adequado a cada situação e a cada momento.

Porém, Marques dá um realce especial ao recurso psicodramático, relatando como o operacionaliza para a Supervisão em Serviço Social:

"É no que diz respeito à estratégia, à metodologia do contato e de como vai se estabelecer este contato, eu também vejo a coisa de modo peculiar. Esta é a minha tese. Eu evidencio a formação do aluno, eu evidencio cenas do meu contato, focalizando a formação do aluno em curso de Supervisão, mas o aspecto específico que me preocupa é como se dá este contato. Então, aí, para mim, há uma reprodução de como eu vejo o modo, a relação pedagógica, a relação com o aluno. A mesma relação eu vejo com o supervisor e com a população também, que é o modo vivencial de reconstruir conhecimento; que é o modo de recuperar a realidade, de recuperar a vivência, de recuperar o cotidiano, de recuperar as relações que se estabelecem e, fundamentalmente, uma conexão entre conhecimento e o sensível — que seria o cognitivo e o sensível, que culminam numa síntese no atitudinal, no concreto; uma ligação de tudo isto: do sensível e do teórico (que é um pouco a crise que a gente vivia em estágio supervisionado, quando diziam: 'mas isto não é terapia?'. Que é uma negação das questões relacionais que se estabelecem tanto no contato com a população, como no contato com o aluno. As crises de autoridade, de relação com o supervisor e com a população estão ali. Não é porque você as nega que elas deixam de estar)."

"Por isso, eu entro com recurso sócio-psicodramático como uma das estratégias e considero a mais adequada, porque ela permite a integração da expressão de toda vivência do indivíduo: vai se procurando fazer com que o aluno integre todo o nível de abstração que ele conseguiu e apreendeu do conteúdo teórico; ele vai dar um tratamento peculiar a isto, segundo as idéias dele, enquanto sujeito que está vivendo aquilo. (...) Estou tentando configurar o recurso dramático, a troca de experiência com a aprendizagem que desfoca a relação do professor X aluno, do supervisor X supervisionado. Nesta minha visão, você alarga a possibilidade de o estagiário construir a sua matriz; de ele perceber a produção de conhecimento, sem descolar dos modelos, de seus tipos de produção e perceber que existem níveis de conhecimento diferenciados. Existe um nível que, como diz o José Paulo Netto, não é a construção de teoria, mas é a sistematização de algum conhecimento proveniente da prática, que não é produção teórica, mas cabe a um profissional e cabe a um aluno. Existem outros instrumentos; uma reunião de grupo, uma discussão... eu gosto demais de trabalhar com os alunos com objetos intermediários, com recortes, com desenhos, com brinquedos etc. No trabalho grupal há muita peculiaridade, mas também muita coisa em comum; a grande riqueza das coisas é a descoberta dessas questões do ser humano, no sentido mais particular e no sentido geral, também."

Várias pontuações podem ser assinaladas nessas suas falas: Marques apresenta o recurso "sócio-psicodramático" como a estratégia-alternativa mais adequada da Supervisão, argumentando que esta modalidade "permite a integração da expressão e toda a vivência do indivíduo: 'vai se procurando com que o aluno integre todo o nível de abstração que ele conseguiu e apreendeu do conteúdo teórico'..." — e que "nesta minha visão (do como), você alarga a possibilidade de o estagiário construir a sua matriz." Outro aspecto a ser ressaltado é que ela se preocupa quanto ao modo como se dá a relação pedagógica entre supervisor e supervisionado; este, no recurso psicodramático, configura-se como um "modo vivencial", um "modo de recuperar a realidade, o cotidiano", um "modo de recuperar a vivência e as relações que se estabelecem". Em suma, ela resume como um modo de fazer a conexão entre o conhecimento e o sensível, culminando numa síntese "atitudinal no concreto" vivido.

Marques cita, ainda, formas de trabalhar, utilizando o psicodrama: trabalhar com objetos intermediários, com recortes, com desenhos, com bexigas, e exemplifica a "técnica do cabelo", a "técnica do nome"; o objetivo e o esclarecimento dessa forma de atuar já foi explicitado acima.

A pertinência da reflexão sobre toda esta matéria-prima proporciona ao estagiário uma consciência crítica frente a si, à sua intervenção prática, à Instituição Campo de Estágio, à realidade social. Esta consciência desencadeia a possibilidade de sistematização do exercício profissional, como expressado por Toledo, conseguindo o aluno " fazer leituras maiores, os chamados 'vôos teóricos'."

Marques expressa também a significação da sistematização da prática profissional experenciada, socializada e refletida:

> "... isso é fundamental em Supervisão — que o conhecimento construído por cada um seja vivido, seja trocado; que, principalmente, a sistematização que cada um está construindo seja vista de onde é que vem. Valorizar um pouco o cotidiano! Não valorizar, não mistificar tanto a teoria como produto de cabeças ilustres!"

Sua fala também reforça esta temática:

> "Existe um nível que, como diz José Paulo Netto, não é construção de teoria, mas é a sistematização de algum conhecimento proveniente da prática, que não é produção teórica, mas que cabe para um profissional e cabe para um aluno..."

Esse conteúdo desvela que o processo da Supervisão não se atém apenas a dissolver dúvidas em relação ao atendimento imediato e emergente do cotidiano do agir profissional e a discutir as rotinas de trabalho. Há a necessidade de supervisor e estagiário, em conjunto, fazerem uma suspensão no seu cotidiano, mergulharem na prática, pinçando elementos significativos e, a partir da análise e reflexão sobre o que os dois estão desenvolvendo, irem evidenciando os resultados alcançados. No momento em que este movimento de reflexão-ação, ação-reflexão se torna algo introjetado entre supervisor e aluno, as possibilidades de alternativas de ação profissional vão se delineando e concretizando, havendo a ultrapassagem do movimento anterior e traduzindo-se na produção do saber advindo da vivência prática.

O estágio assim concebido, e com esta retaguarda por parte da ação supervisora, garante condições satisfatórias de aprendizagem ao aluno e à sua formação profissional.

Por diversas vezes Estevão aborda a questão do conteúdo da Supervisão, ora generalizando-o, ora detalhando-o e exemplificando determinados aspectos a ele relacionados.

Ela deixa claro que o conteúdo, objeto de análise na Supervisão em Serviço Social, é recolhido do cotidiano profissional e é a prática exercida.

> "Além da formação da identidade profissional, como objetivo, que contém toda aquela coisa de aprendizado, mas não aprendizado de teoria... a Supervisão, no sentido de ensino, de preparação para a vida profissional, deve estar pinçando as coisas do cotidiano profissional, do dia-a-dia, onde nós vamos sempre discutindo com o aluno, as coisas relativas ao que se faz no Serviço Social. (...) O tecido sobre o qual se vai trabalhar é a prática profissional."

É retomado o conflito real do exercício profissional. Se este não existe, a Supervisão não tem sentido, pois não se tem o que analisar. Ela é determinada pela ação profissional e respaldada pela teoria que também referencia o Serviço Social.

Embora essa prática seja caótica indaga-se: a análise da sua negação não resultará em aprendizagem? Pode até ser! Mas apenas discutir constantemente sobre um conteúdo desfigurado, descaracterizado, desviante, negativo — possibilitará um suporte sólido e seguro para o supervisor e supervisionado se impulsionarem, se motivarem, provocando um salto neste processo? Não acredito neste caminho! O cerne do conteúdo da análise, ou seja, a matéria-prima da Supervisão passaria a ser o periférico, o não relevante, o amorfo, onde a essência inexiste.

Estevão detalha um pouco mais o conteúdo significativo da Supervisão, apresentando algumas categorias: a teoria, a prática, a formação profissional, a população, o supervisor, o supervisionado, a Instituição Campo de Estágio e a de Ensino, o Serviço Social, as relações sociais. Eis alguns trechos:

"Quanto aos componentes da Supervisão, eu acho que entra a questão do estudo, da teoria como também a questão da prática; entra toda a questão das técnicas do Serviço Social. Entra ainda, o dado psicológico do respeito do supervisor pelo aluno estagiário; entra toda a questão dos valores, que estão presentes na Supervisão e depois são também passados para o profissional; há a questão da empatia. Aliás, esta é uma questão de que não se fala muito! A Supervisão tinha que ter este caráter de ensinar para o aluno o que é a empatia; não dá para ser assistente social, sem saber o que é isto — a capacidade de se colocar no lugar do outro."

"Acho que a Supervisão é fundamental, embora, na realidade, não esteja incluída como conteúdo na formação do aluno: ele sente muita falta de uma boa Supervisão e de ter alguém que pense junto com ele na relação teoria-prática e até lhe ofereça condições para perceber as questões da disciplina profissional, da ética, de como tratar os valores, e mesmo o respeito que se deve ter pela clientela."

"Outro componente da Supervisão é a população, a clientela, além do supervisor e estagiário. Também a instituição onde se trabalha é outro componente. Mesmo que se diga que ela não entra, que se não queira, ela está presente na prática. Não tem como negá-la, na medida em que a prática profissional se dá dentro de uma instituição, com determinado tipo de população, de clientela. Eu acho que a instituição, na Supervisão, é uma fonte de dados para o aprendizado profissional. É um espaço muito privilegiado que está aí presente, que está interagindo; está, até delimitando a prática e você é obrigada a considerá-lo, queira ou não! (...) A idéia de instituição, de relação, de relação de clientela e instituição, é tão pouco presente que, sempre quando se pensa em Supervisão, pensa-se em Supervisão para ensinar técnica de caso, técnicas de grupo, coisa bem antiga. Enquanto que, dentro destas propostas de Serviço Social, com movimentos sociais, com grandes grupos, com comunidade etc., também a Supervisão é uma coisa que deve estar presente e é importante."

"A gente tinha que começar a escrever alguma coisa a respeito disto: da importância da Supervisão, nesse trabalho maior com a população que se procura fazer hoje. Até na idéia de trabalhar valores, a formação de contatar com o cotidiano profissional e de ver o que tem de genérico neste cotidiano, que não é só individual, não é só singular. Quando eu estava pensando na idéia de totalidade, eu estava pensando um pouco por aí: o aluno estagiário também deve estar disponível para isso e com empatia; mas, empatia não com o indivíduo particular, mas empatia com o que se pode ter de humano genérico com a população com quem se está trabalhando, e, até, em você mesmo. Trata-se de um processo transformador que lida com a personalidade. Não é mexer na personalidade, no sentido da Mary Richmond, mas de personalidade entendida como uma coisa mais geral."

"A própria análise da instituição, de como o Serviço Social se dá na instituição é uma fonte de dados para você estar trabalhando com o estagiário. A presença precisa ser forte, constante... e estar aí, até modificando o tipo de prática que se está desenvolvendo. Agora isto também é um dado complicado porque a maioria dos profissionais não tem esta visão; eles não trazem a instituição como conteúdo de discussão. Quando a gente dá cursos para os supervisores, eles esquecem completamente a instituição — parece que a Supervisão é uma coisa fora da instituição — não tem a população, não tem nada — só o aluno, o supervisor e o Serviço Social. O resto não existe! É um grau de idealismo muito grande! A população, então, aí nem se coloca! Mas isto não é só com o supervisor, não! O aluno de primeiro ano também vem com esta idéia; ele não enxerga e é aí que eu coloco que a empatia é importante, porque ele não enxerga, ou ele enxerga a população de um jeito deformador — ele não enxerga a instituição de jeito nenhum."

"A idéia de que o estágio é trabalho, é uma idéia também importante a ser elaborada. Em geral, o aluno vem com uma outra idéia — não é trabalho e, se não é trabalho, não está ligado, não se vincula à instituição, à sociedade, onde as pessoas fazem o seu trabalho. Nem as instituições que são da própria sociedade: a família, o casamento, o direito, todos estes elementos também não existem — e a Supervisão é o momento de levar em consideração todas estas coisas. Em todas as instituições de prestação de serviços, como as instituições mais gerais, o que a população está trazendo deve estar sendo trabalhado com o aluno estagiário."

"Quando uma pessoa vem dizendo que o marido sumiu — e aí ela precisa de orientação para conseguir pensão... é um momento em que está pintando a instituição para uma discussão e, se o profissional não tem idéia, ele vai lidar com esta questão de uma forma bem alienada."

Estevão ressalta mais uma vez o fato de a Supervisão ser desconsiderada na formação do aluno, o que confirma que ela é conteúdo residual nos currículos dos cursos de Serviço Social, conteúdo esse que pouco é lembrado e questionado. No entanto é fundamental!

A autora apenas cita algumas categorias e detalha outras, embora todas estejam imbricadas. A mim me parece que os assuntos detalhados ou apenas indicados estão direcionados à categoria maior: teoria-prática. Estevão ressalta a questão da metodologia da prática do Serviço Social (técnicas, abordagem individual, grupal, comunitária), a questão das referências da Psicologia para o Serviço Social, nominando os conceitos de empatia, de relação, de indivíduo singular e coletivo, de personalidade. Esta referência, enfatizada acentuadamente pela Supervisão em Serviço Social até a reconceituação, foi quase completamente abafada e abolida pelos currículos, especialmente na década de oitenta, quando tudo o que dizia respeito à Psicologia era considerado obsoleto, pejorativo, mal visto e contrastante com o pensamento materialista que se pretendia unificar como eixo norteador na formação dos assistentes sociais brasileiros, e onde as "massas", a coletividade, eram o enfoque pretendido. Teoricamente, essas idéias eram passadas (mesmo com muitos desvios), mas não tiveram o rebatimento prático, pois a prática tem sido centrada no indivíduo, no singular e na relação "eu-tu". Como negar, omitir o que é evidente, sentido e realmente vivido no cotidiano profissional dos assistentes sociais e alunos estagiários? O grupo que propaga as idéias da Supervisão não deixou de lado os conceitos nominados por Estevão, resguardando o seu espaço, não isento de críticas pelos direcionadores do pensamento do Serviço Social. Assim, eram propagados e discutidos como conteúdo em potencial a ser trabalhado na Supervisão, embora não tenham sido produzidos novos trabalhos sobre a temática.

Hoje se iniciam estudos para o resgate desses conceitos no Serviço Social, via a fenomenologia e determinadas abordagens ligadas ao marxismo.[22]

---

22. Em 1988, a Faculdade de Serviço Social da PUC/RS organizou e efetivou junto à Associação Nacional de Pesquisa em Serviço Social — ANPESS, e o Centro Brasileiro de Cooperação e Intercâmbio de Serviço Social — CBCISS, um Seminário versando sobre a pesquisa fenomenológica nas Ciências Sociais e Humanas, onde os conceitos enunciados se tornam marcadamente presentes. Em final de 1988 ocorreu

O mesmo se diz da necessidade de se resgatar a questão da ética, dos valores, apontada pela autora e que precisa ser refletida à luz da contextualidade atual.

Estevão dá um destaque à categoria Instituição Campo de Estágio, especificando alguns aspectos. Um deles é o fato generalizado de omitir-se esse conteúdo no processo da Supervisão, como se ele não fizesse parte deste contexto. Episódio que me fez lembrar a análise da prática supervisora, quando iniciou um curso de Supervisão em Serviço Social e que retrata tal questão. Partindo de imagens, os participantes, em grupos, após discussões, traduzem suas concepções de Supervisão, partindo de suas vivências enquanto supervisores ou enquanto estagiários (se ainda não têm prática enquanto supervisores, mas só como supervisionados, enquanto alunos do Curso de Serviço Social). É surpreendente que freqüentemente aparece apenas o elemento supervisor e supervisionado e o material emergente da prática; a instituição e a população e outros conteúdos relevantes pouco aparecem, o que denota a não-preparação para serem supervisores e a concepção fragmentada que têm de Supervisão e de Serviço Social.

O contexto institucional torna-se significativamente presente na ação do Serviço Social, uma vez que sua prática se concretiza em instituições públicas ou particulares e a ideologia da instituição perpassa pela programação do Serviço Social com uma intencionalidade maior ou menor. Nesta medida, as dimensões que o contexto institucional apresenta influem no processo da Supervisão. O marco administrativo é determinante na ação do assistente social, refletindo no estágio do aluno; as diretrizes que regem essas instituições, tanto na eleição de seus objetivos quanto dos serviços oferecidos e programas desenvolvidos, determinam a ação do Serviço Social, inclusive a da prática da Supervisão. Não há como negar isso.

Estevão apresenta ainda outro conteúdo, alvo de discussão na Supervisão: as relações sociais.

---

também um Seminário na PUC/SP, integrando-se o Curso de Graduação e o de Pós-Graduação em Serviço Social, versando sobre a temática "O Indivíduo e o Marxismo". Existem documentos mimeografados desses eventos.

"Estou pensando em relação às categorias contextuais da Supervisão, que seriam mais as relações sociais que você estabelece e que estão presentes no processo da Supervisão. São coisas que estão presentes para nós, mas que não estão para a maioria dos profissionais e dos estagiários. Nessas categorias contextuais, a idéia de relações sociais, de se trabalhar isso na Supervisão é uma coisa importante; importante porque é por aí que você vai estar desmistificando uma série de distorções e de visões mistificadoras da prática profissional, na medida em que você está colocando como estas relações se estabelecem. Neste sentido, não é só um aprendizado para a Supervisão, mas acaba sendo um aprendizado para a vida, por parte do supervisor e do supervisionado. (...) Nas categorias contextuais, a primeira coisa seria a de relações sociais, os dados de sociabilidade, (...) e numa profissão que está lidando exatamente com isto. Deveria ser a coisa mais importante que você vai estar discutindo na Supervisão; e, na medida em que está fazendo isto é que o estagiário vai estar depois lidando com este conteúdo — que também é aparentemente uma idéia antiga mas que não é! Depende de como você está definindo esta categoria de relações sociais."

"Eu estava pensando na relação supervisor e supervisionado e me veio a idéia de cidadania. Quando eu estava falando sobre a questão de trabalhar — que primeiro você tem que trabalhar, senão você não vai dar Supervisão — acho que por detrás estava a idéia de cidadania, do trabalho como algo fundamental para a vida das pessoas, para a vida em sociedade, para a vida em geral. Trabalho que, além de criar os meios de subsistência, pode transformar a natureza, o mundo. E, no caso do Serviço Social, que pode mudar as relações sociais entre as pessoas, ou pode desencadear uma proposta de mudança das relações sociais. É aí que se liga a relação supervisor e supervisionado, de também estar discutindo a questão de que se quer ser cidadão. Para se ter uma concepção de profissão, formar uma identidade profissional, ou ter a proposta de fazer isto, tem que se ter a idéia de cidadania presente. E aí, remete-se à idéia de estar participando dos órgãos da profissão; não é a participação política, mas de se estar colocando enquanto profissional, tanto para o supervisor como para o estagiário e, como isto não está presente, acaba-se depois esquecendo — quando se torna profissional".

Não é sem razão que Estevão aponta as relações sociais como importantes e primordiais dentre as categorias contextuais da Supervisão, pois o Serviço Social deve ser pensado e produzido em função das relações com os sistemas sociais mais amplos nos quais se insere. A prática profissional se dá no âmbito das relações sociais, que são determinadas pelas relações capital-trabalho; logo pelas relações de produção. Então a necessidade de se analisar as nuanças dessas relações sociais, como elas se estabelecem e como nelas se contextua o Serviço Social. Também é importante apontar sua influência nas relações cotidianas, desde a relação supervisor-supervisionado até todas as relações que se travam e de diversos níveis (usuários-hierarquia-técnicos-sociedade etc.). É a partir dessa consciência que se dará a ultrapassagem do Serviço Social à vida total do profissional — "e acaba sendo um aprendizado para a vida..."

Ao falar sobre sua visão de Supervisão em Serviço Social, Estevão não se preocupa em esclarecer como opera a Supervisão e nem se preocupa quanto ao uso de seus instrumentos. Entretanto, percebe-se que tal assunto é importante para ela e que o utiliza partindo do próprio fato de a Supervisão ser "um processo". Além disso, muitas vezes *en passant*, transparecem as formas de proceder na ação supervisora, bem como o uso de instrumentos e técnicas, como o refletir, o questionar, o discutir, o trabalhar, o analisar, como bem mostram os excertos abaixa:

"... o estagiário sente muita falta... de ter alguém que *pense junto* com ele... (...) A própria *análise* da instituição... você estar trabalhando com ele estas coisas. (...) ...é um momento para *discussão*... momento para *troca*. (...) de *discutir* o cotidiano profissional... (...) ...de *se trabalhar* isso na Supervisão... porque é por aí que você vai *estar administrando* uma série de distorções e de visões mistificadoras da prática profissional... (...) ...você vai *estar discutindo* na Supervisão... (...) ...leva-me a *pensar que* tipo de Supervisão que eles (supervisores) têm... (...) Como é que você pode *estar discutindo* depois como supervisora... (...) ...*aprender técnicas* é uma coisa importante..."

Como Toledo e Marques, Estevão também não se refere somente a um proceder formal e habitual na Supervisão, mas busca outros recursos, como a leitura e discussão de romances, de jornais e ainda o que o psicodrama lhe pode oferecer estrategicamente.

"E se é para formar uma matriz de identidade profissional, às vezes a presença do profissional é mais importante do que estar marcando a Supervisão, estar marcando toda semana, tantas horas, como é toda aquela questão de como é a sistematização da Supervisão."

Sintetiza, afirmando que esse processo de supervisionar parte do cotidiano vivido, onde vamos "*estar pinçando* as coisas do cotidiano profissional, do dia-a-dia, onde vamos *sempre discutindo* com o aluno as coisas relativas ao que se faz no Serviço Social". Contudo, este fazer profissional precisa ser analisado sob uma perspectiva de totalidade, ampliando e superando a concepção tradicional de Supervisão, como esclarece: "O material pedagógico está aí no mundo, está na sociedade, está no seu trabalho!"

4. O conteúdo da Supervisão de Estágio presente nos depoimentos das supervisoras e das estagiárias

4.1. Das supervisoras

Quanto ao cariz do conteúdo — objeto a ser abordado na Supervisão — as três supervisoras não se preocupam em destacá-lo. Discorrem sobre a vivência supervisora, sobre como se processa a Supervisão, acentuando ora um, ora outro aspecto, dependendo da significância das temáticas destacadas e de suas maneiras de perceber a Supervisão e de suas próprias singularidades pessoais e profissionais.

Contudo, buscamos analisar detidamente as suas falas, mesmo que, muitas vezes, tratem de outro assunto, a matéria-prima da Supervisão encontra-se entremeada no conteúdo.

Nessa perspectiva, observa-se que tanto Bernardes quanto Rodrigues Marques e Chuairi apresentam como matéria-prima da Supervisão a atividade profissional, havendo consonância com as idéias de Toledo, Marques e Estevão, embora apenas Rodrigues Marques explicite mais tal questão, dizendo que "é a experiência da prática; é a prática profissional vivida". Porém, à medida que a entrevista ocorre, há a possibilidade de fisgar o detalhamento de qual é a sua especificação.

Analisando essa especificação, o discurso de Bernardes é bastante permeado pela forma de operar este conteúdo. Ela apresenta, como material a ser discutido na Supervisão junto com o aluno, o próprio processo ensino-aprendizagem que ocorre tanto no estágio quanto no curso teórico:

> "Temos a preocupação de ter os programas do terceiro e quarto anos do Curso de Serviço Social, que contêm a matéria desses anos. Nas reuniões que temos com os alunos, questionamos o que está ocorrendo lá e o que está acontecendo aqui. É muito presente esta relação: eles vão aplicar esta teoria na relação com o paciente. Aquilo que foi colocado ao nível de teoria, eles vão estar checando e depois revendo este lado da teoria: foi assimilado de forma correta? Não foi? Isto tem um retorno para a escola? Tem retorno para a Supervisão?"

Denota-se que a questão da teoria e da prática é um assunto relevante como substância para a Supervisão, havendo a preocupação de analisar e compreender como se configura essa relação teoria-prática, a sua operacionalização e o conseqüente retorno, destacando sua assimilação, sua unidade, sua contradição, suas defasagens, suas dificuldades etc. Assim, Berrardes continua:

> "Nem sempre o aluno assimila tudo e, às vezes, nem tudo é ensinado. Assim, às vezes, temos que dizer aos alunos: "vocês vão ver teoria aqui". Isso eu coloco com certo cuidado, porque o que eles querem é a prática, a prática! Eu digo: 'vocês vão ver teoria porque é importante a gente fazer o gancho. Vocês viram a teoria, então vamos recapitular, vamos ver o livro'..."

A teoria, focada como conteúdo da Supervisão, não o é apenas enquanto objeto de reflexão sobre qual teoria essa prática está referida, ou seja, que teoria orienta essa prática, ou sobre que tipo de prática está fundamentada a teoria, as limitações e as determinações de ambos e outros questionamentos, mas também no sentido de a Supervisão estar suprindo as lacunas do conteúdo programático teórico a ser ministrado no curso.

O suporte do processo gradativo e acumulativo de aprendizagem da prática de estágio é também um conteúdo da Supervisão. Observe-se suas falas, relatando o principiar de um estágio:

"Queremos que o aluno tenha uma visão do todo, da Instituição, que ele conheça as características da Clínica onde ele vai ficar, que leia inclusive documentos que têm algumas coisas que seriam médicas, por exemplo: se se está na Otorrino: Quais são os principais diagnósticos que ocorrem nesta Clínica? Que decorrências há? Muitas vezes são casos de acidentes de funcionários que trabalham não sei quantos anos numa determinada firma, e que tiveram problemas de audição. Assim, o aluno adquire esse conhecimento e fica quase um mês assim, no sentido de conhecer os profissionais."

"Pedimos este estudo para que ele tendo uma noção de saúde, que nunca viu, possa fazer a correlação teórico-prática. Eles estão achando ótimo, porque está coincidindo o estágio com o estudo da rucisp, principalmente com a disciplina de Política Social que está dando, agora, conteúdo sobre a política de saúde."

Um primeiro conteúdo, objeto de reflexão na Supervisão, é o de o aluno situar-se na Instituição Campo de Estágio; portanto, de conhecer a instituição onde vivenciará sua prática. Esse conhecimento abarca desde as características peculiares dessa instituição, sua estruturação, os serviços oferecidos, a documentação usada, a rotina de trabalho, os recursos materiais e humanos; seus bloqueios, limites e possibilidades; o conhecer e dominar os insumos teórico-específicos da área de atuação, que, exemplificando aqui, é a realidade da saúde, entre outros. E continua, detalhando alguns aspectos:

"Bem, eu estava dizendo: 'aqui é uma instituição da saúde; vocês chegaram e foram para a Clínica. Na clínica existem mil bloqueios; existem situações em que o assistente social se torna tão impotente, tão impotente! Cada caso é uma desgraça muito grande, a depauperização do estado de saúde, a dificuldade que o paciente está vivenciando, este papel de doente...' De repente, você tem até que dispensar o paciente, mandar embora porque não tem vaga. E aí, como é que fica a sua cabeça nesta situação que traz uma insatisfação terrível? Precisamos conhecer um pouquinho mais o que acontece lá fora, ao nível de saúde. Como estão essas políticas? Na realidade, elas são falsas! De repente, você pode até constatar que não existem, que são mecanismos; há algumas estratégias que o poder público usa para estar vendo isto! Já estamos despertando também uma visão crítica no aluno porque isto é fundamental: queremos que o aluno observe, que ele tenha sensibilidade para estar percebendo as coisas como são e não siga a rotina."

O seu depoimento relaciona esses aspectos com a prática do Serviço Social na instituição, os quais deixam transparecer as determinações institucionais, limitando a sua ação. Além disso, mostra a necessidade de se compreender e extrapolar a realidade institucional e se ter a visão do contexto mais amplo, como ela diz, para que o aluno "tenha uma visão do todo". Aponta questões a serem analisadas, como os problemas da população na área da saúde, a falta de leitos, a situação do usuário-paciente-doente, a depauperização, as políticas de saúde, as manipulações, os mecanismos e as ideologias que se forjam no poder público e em detrimento da população.

Em suma, é preciso conhecer o fato dado, o real e não o idealizado (visão muitas vezes passada pela Faculdade), para que o estagiário possa "estar percebendo as coisas como são e não siga a rotina da instituição". E conclui:

> "Essa preocupação é constante nessa formação, porque a nossa responsabilidade é muito grande e devemos cuidar para que esses alunos não assimilem os vícios da instituição, os vícios do profissional, o que é um perigo."

Outro aspecto significativo relatado por Bernardes, e objeto de reflexão na Supervisão, é o modo como se procede na ação do Serviço Social, o conhecimento e o uso da instrumentalização:

> "Por exemplo, nós temos reunião amanhã com os alunos e vamos ver como se coletam dados numa entrevista para estudo de casos (porque é serviço de caso que nós fazemos). (...) Existe o clima da entrevista, existem os passos da entrevista e isto tem que ser passado para o aluno. (...) Quanto ao relatório social que nós temos na instituição, o aluno não faz o do assistente social, aquele que é feito todos os dias. Nós damos para o estagiário um modelo de relatório à moda antiga, onde ele tem um espaço para estudo de caso e para o diagnóstico; é uma concepção bem funcionalista, mas é assim que funciona aqui. Entretanto, minha preocupação é esta: ele vai sair daqui sabendo fazer um diagnóstico? Vai! Então está bem! Hoje em dia, temos assistente social para quem a história do paciente começa no momento em

que ele entra na sala do Serviço Social. Por isso, eu brigo muito com o pessoal. Não é assim: o paciente tem toda uma história de vida lá fora que vai determinar uma série de coisas aqui dentro, inclusive a intervenção do assistente social. Discutimos isto com o supervisor. Mas como está aqui há dez, quinze anos é muito difícil. E nós adotamos aquele relatório para o estagiário, onde ele tem que anotar todos os dados para saber a história de vida do paciente e, depois, observar como se porta o paciente. Então, os alunos chegam e nos dizem: 'Puxa, fica muito mais fácil a gente lidar com o paciente aqui dentro, depois que se ficou um tempo maior na entrevista e se coletou bastante dados lá de fora!' Eu faço uma mistura assim, porque trabalho com o caso. Faço uma mistura de conteúdos na entrevista, porque é uma linha como a Instituição permite, mas também, incluo um pouco do conteúdo do Curso de Família, da Ada Pelegrini. Vamos ver qual é a relação familiar. Se existe um problema de relacionamento, qual é o alcance da intervenção do assistente social? Porque as emoções vão interferir no tratamento, principalmente com pacientes portadores do câncer, seja de útero, de mama. Então, o estagiário deve levantar a história que não é bem uma história de vida completa, mas a história recente do paciente antes de chegar ao Hospital das Clínicas, e muitas coisas desta corrente em que o emocional determina alguns diagnósticos, algumas doenças. Existe uma corrente na medicina que sustenta isto. É, realmente, para se notar a repressão que o paciente sofre lá fora, a opressão, depauperização, o estado de angústia deste paciente. Então, o estagiário vê o assistente social levantando tudo isso. Ele primeiro observa, para depois estar fazendo. Fundamentalmente, a gente quer mostrar o quê? O estagiário tem que aprender que, quando o paciente chega na frente dele, tem toda uma história anterior que deve ser considerada."

O assunto acima desvenda conteúdos de procedimentos metodológicos que necessitam ser ensinados, analisados, aprendidos pelos estagiários.

Bernardes fala sobre a entrevista: de "como se coletam dados numa entrevista"; do clima da entrevista; fala de "passos" da entrevista, da forma de conduzi-la e de intervir, indicando o "estudo, o diagnóstico e o tratamento" no atendimento de "casos", como ela diz, "porque é serviço de casos que fazemos". Tem consciência da visão funcionalista que o Serviço Social assume na instituição onde trabalha: "é uma concepção bem funcionalista, mas é assim que funciona aqui". Daí esclarecer que os instrumentos, os modos de proceder e o relatar são "à moda antiga". Parece haver identidade por parte de Bernardes com tal visão, pois esta é reforçada pela sua opção acadêmica na Pós-Graduação, indicando a disciplina Serviço Social no Campo da Família, do Programa de Mestrado em Serviço Social da PUC/SP, a qual se desenvolve enfatizando a linha psicológica sistêmica.

Transparece, ainda como conteúdo de Supervisão, a farta documentação e os instrumentos usados. Enuncia o relatório social, o modelo de relatório, o relatório da história de vida.

É louvável a importância que dá ao registro de dados, o qual favorece estudos em instâncias diversas, pesquisas de particularidades da prática, sua sistematização.

Outra questão de conteúdo da Supervisão levantada por Bernardes é o modo de conceber o homem-usuário, enquanto totalidade e inserido na contextualidade. Expressa o fato de a realidade sócio-econômica-histórica do usuário determinar a intervenção do assistente social. Fala da necessidade de se levantar a "história de vida do paciente", ressaltando alguns aspectos: sua relação familiar, suas emoções, sua repressão, sua condição de opressão, de depauperização, suas angústias, entre outros.

Nesta perspectiva, lidar com as realidades emergentes, que no Serviço Social se configuram como problemas econômicos, sociais, políticos, culturais (atualmente cada vez mais acentuados, conflitantes e excludentes), significa dizer que o modo de intervir tende e deve diversificar-se na medida em que essa realidade se apresenta e se situa no movimento real histórico.

A análise da realidade é um elemento fundamental para intervir com eficiência e, portanto, também fundamental no processo de supervisionar. Mostra sua preocupação neste sentido, afirmando que o aluno deve sair do estágio "sabendo fazer".

Quanto ao como supervisionar, Bernardes clarifica sua idéia a respeito em vários de seus depoimentos, à medida que relata sobre a questão da Supervisão. Desta forma, em algumas falas suas já enunciadas, transparece a sua posição.

É bastante ressaltada por ela a preocupação e o cuidado que se deve ter ao introduzir o aluno-estagiário no campo de estágio, em seguir as fases de aprendizagem e em programar seu estágio. Observe-se:

"Entendo por Supervisão um *processo* que tem *fases,* tem *seqüências* de aprendizagem... (...) ...e o aluno fica *quase um mês* assim, no sentido de *conhecer* a Clínica, conhecer os profissionais. (...) Então, o estagiário vê o assistente social levantando tudo isso (dados de um paciente). Ele primeiro *observa* para depois *estar fazendo.* (...) Então, se ele aqui *vai fazer* uma *entrevista no início de seu estágio,* o assistente social fica próximo; depois de algum tempo, o aluno é *consultado* se quer o assistente próximo na mesma sala ou não."

"Então ele se insere na Instituição de uma forma bem gradativa, até meio morosa nesse terceiro ano; ele fica mais ou menos um mês só conhecendo o hospital, porque aqui é muito grande. Nossa Divisão tem quase cem pessoas, e queremos que o aluno esteja realmente vinculado à Divisão. Ele participa e tem espaço nas reuniões de Supervisão dos assistentes sociais. Se a gente vai discutir determinado assunto, ele tem liberdade de estar lendo esse assunto, preparando-se para discutir na reunião. Por exemplo, nós temos reunião amanhã com os alunos... (...) Nessas reuniões estamos estudando se vamos coletar dados quando o paciente chega. Porque os alunos estudaram entrevista no curso e aqui nós seguimos o programa, fazendo com que o estágio se compatibilize, numa ordem cronológica, com a Faculdade."

O conteúdo acima revela ser indispensável uma preparação para receber um aluno numa instituição para realizar o seu estágio. Preparação que tende conduzi-lo a conhecer a instituição com uma postura crítica e acompanhá-lo de forma bem próxima nesse processo de ensino e aprendizagem. Agindo assim, o aluno é respeitado em seu movimento de ir em busca do novo, do desconhecido (que aqui é o estágio), quase sempre quando se trata do primeiro estágio. O aluno é preparado gradativamente para partir para a sua própria ação profissional: passa a conhecer a instituição, lê documentação sobre ela, literatura sobre a área de atuação, participa das reuniões de discussão; observa como o assistente social atua, de que instrumentos se utiliza, que dados devem ser coletados para o estudo de um caso etc.

Todavia, esta forma de operar a Supervisão no estágio do aluno muitas vezes esbarra com desníveis, conflitos, contradições, discrepâncias em relação ao planejado e à execução do projeto curricular do Curso de Serviço Social, que nem sempre acompanha a demanda da prática profissional por diversas razões, seja por defasagem, por inchamento, por lacuna, por desvios no próprio conteúdo programático elaborado, seja pelos entraves burocráticos da Universidade e da Faculdade, seja por situações mais amplas, do contexto histórico, como exemplo: greves dos professores e funcionários da própria Universidade e de outras categorias (motoristas e cobradores de ônibus urbano, funcionários do metrô, CUT etc.) e de calamidades públicas (enchentes em São Paulo), entre outros. Este tema sobressai na fala de Bernardes:

> "Também temos dificuldades em fazer uma ponte da teoria lá da Faculdade com a prática; por exemplo: é uma semana de greve na Faculdade e daí a programação já furou; e a nossa programação aqui, normalmente, não fura. Se o assistente social sai de férias, já é planejado quem é que vai ficar com o aluno; então, sempre o aluno está coberto. Ele não fica nunca sozinho na Clínica. Pode até ocorrer um momento em que ele atenda sozinho, mas ele discute o caso."

Existem fatos que corroboram para o desnivelamento entre a teoria e a prática do Serviço Social, entre o planejado e o executado na Unidade de Ensino e entre o planejado e o efetivado na Unidade Campo de Estágio. Neste sentido, é comum o supervisor queixar-se de que precisa, além de suas atribuições como supervisor, suprir as lacunas, deficiências do ensino junto com o aluno estagiário.

Bernardes aborda outro aspecto relacionado ao modo como proceder na Supervisão: o uso de instrumentos para a sua efetivação. Vez por outra há depoimentos seus, que incorporam e desvelam a utilização de vários recursos na ação supervisora:

> "... e estar revertendo essa prática para ele (estagiário), em *forma de ação-reflexão*. (...) O supervisor, às vezes, terá que colocar: 'olha, não é por aí'. Às vezes, ele precisa ser *mais diretivo*. (...) ...eu dei *material* e os alunos começaram a entender porque eu quero lhes *mostrar o gancho*... (da teoria com a prática)... (...) ...a gente quer que o aluno *observe*, que ele tenha sensibilidade para estar percebendo as coisas como são e não siga a rotina. (...) Nas *reuniões* que temos com os alunos, *questionamos* o que está ocorrendo lá (na Faculdade) e o que está acontecen-

do aqui (na instituição de estágio) (...) eles vão *estar checando* e depois revendo esta teoria..."

"Demora até ele entender que tem que estar registrando e que a documentação que oferecemos aqui é essa, que esse relatório se faz assim. Entretanto, esperamos que ele traga contribuições também para nós; porque, de qualquer forma, é sempre gente nova que está aí, enquanto nós estamos aqui há tanto tempo. Principalmente ao nível de literatura; o que está saindo agora? O que a gente poderia estar vendo?" (...) "O estagiário pode estar criticando, questionando a supervisora e para que não haja nenhum melindre no relacionamento, ele traz essa crítica para a comissão que a discute (temos reuniões só com supervisores e reuniões com todos juntos — alunos e supervisores)." (...) "Por exemplo, a FUNDAP é uma Instituição através da qual vem a bolsa para os alunos. A gente manda a papelada até demais para lá — programa de estágio, cronograma... Mas ninguém checa, ninguém pergunta! E eles têm interesse! Ontem eu recebi uma carta e eles querem a avaliação."

Esse conteúdo ressalta a aplicação do contato individual com o aluno estagiário, utilizando-se do instrumento-entrevista e contatos-conjuntos com a equipe de Serviço Social, servindo-se da reunião grupal. Meios estes que, na Supervisão em Serviço Social, denominamos de Supervisão Individual e de Supervisão Grupal ou Supervisão em Equipe.

Ela faz a crítica sobre a omissão do uso desses instrumentos por parte de assistentes sociais supervisores, sobre a Supervisão atrelar-se somente à rotina e ao emergencial da prática profissional, comprometendo a formação profissional do aluno:

"Têm instituições por aí a fora que supervisionam o aluno por telefone. Não tem a Supervisão direta. (...) Tem aluno que chega aqui para o estágio dizendo: 'Ah! Não! Assim não é possível! (referindo-se às exigências da Supervisão na instituição onde Bernardes trabalha). A supervisora no outro estágio dava a Supervisão por telefone, passava uma, vez por semana no local de estágio!

Este depoimento merece algumas ponderações. O fato da deficiência, lacuna, desvio e até ausência de Supervisão é algo concreto, constatado e também desabafado por alunos estagiários, nas aulas de Projeto de Investigação e Prática, e levado para a Coordenação de Estágios. Eis algumas queixas de alunos de terceiro ano do Curso de Serviço Social:

"O supervisor tem se colocado não como orientador de um aprendiz, mas como coordenador de atividades a serem cumpridas. Não há espaço para discussão e reflexão."

"Inicialmente a Supervisão era feita por telefone, com alguns contatos pessoais. A assistente social me orientava sobre suas propostas profissionais e eu fazia perguntas a fim de esclarecer minhas dúvidas."

"Posteriormente, minha supervisora resolveu fazer reuniões mensais com todas as estagiárias do Serviço Social da Empresa... Fora as reuniões, a Supervisão continuou ocorrendo por telefone."

"A Supervisão é efetuada através do convívio diário, não havendo horário e data específicos. Ocorre de acordo com as necessidades e vivência diária."

"Percebe-se uma carga de tarefas meramente administrativas sobre o Serviço Social que são repassadas ao estagiário, sem a oportunidade de discussão, criação ou intervenção."

"O não-planejamento de atividades do Serviço Social, através da elaboração de um programa de atividades (anual ou semestral), impede-o de desenvolver-se e a impressão que se tem é de um Serviço Social que está sempre apagando 'incêndios'."

"Por vezes, acredito que o assistente social que não assume a Supervisão, toma esta postura deliberadamente. Parece ser uma questão de despreparo para o desempenho da ação supervisora. Parece não haver uma noção clara do que vem a ser a Supervisão. Direciona-se a Supervisão mais para questões administrativas e de funcionamento burocrático do Serviço Social na Instituição, tomando isto como Supervisão e deixa-se de lado a reflexão sobre a ação dos dois — supervisor e supervisionado — o que realmente fazem, como o fazem, a quem o fazem, qual o retorno do que fazem, sua postura, população atendida, como esta percebe a atuação no contexto da Instituição?"

São desabafos reais, vivenciais, conscientes dos alunos estagiários que mostram a vulnerabilidade do Serviço Social e aspectos preocupantes da Supervisão em Serviço Social. Há que se ter claro que a *forma de fazer a Supervisão*, restringindo-se somente às atividades burocráticas, administrativas e de rotina do fluxo diário do Serviço Social, não supre a Supervisão Individual ou a Supervisão Grupal. É um tipo de Supervisão necessário, mas complementar, na medida em que este modo de operar a Supervisão dá conta somente do emergencial, da dissolução de dúvidas e de intervenções e informações momentâneas que se dão no "aqui e agora" da prática profissional do aluno. É uma forma de Supervisão que eu denomino de *corredor*,[23] pois não existe espaço para o aprofundamento do que se faz e não há reflexão sobre a ação. Esta forma de supervisionar, conseqüentemente, não conduz à sistematização da vivência prática profissional e, por conseguinte, também não induz a mudanças, a ultrapassagens, cristalizando o Serviço Social numa posição basista, administrativa, mecanicista e tarefeira. Esta postura é repassada para a ação supervisora, agravando-se quando o supervisor não está preparado para dar Supervisão e não se recicla profissionalmente, refletindo uma alienação, um vazio e até um desencanto pela profissão.

Outras estratégias são apontadas por Bernardes como meios empregados para exercer a Supervisão. Ela fala em reflexão-ação, em discussão, em avaliação, em relatório, em documentação, em registros, todos instrumentos ricos e válidos, se empregados adequadamente. Bernardes reporta-se a outro recurso já enunciado anteriormente e também aqui relevado — o chamado Plano de Estágio por alguns autores, ou Programa de Estágio por outros — o que reforça a importância que ela destina ao processo do planejamento do estágio do aluno.

Em relação à matéria-prima da Supervisão, Rodrigues Marques expressa nitidamente que o conteúdo da Supervisão é a atividade profissional experienciada. A particularização desse conteúdo é manifestada em vários trechos de sua fala.

Refere-se como substrato de reflexão na Supervisão o próprio processo de estágio do aluno, conforme Bernardes também assinala. Neste sentido, aborda sobre o iniciar desse processo:

---

23. Lamentavelmente, parte dos "ditos supervisores" oferecem como única alternativa a "supervisão de corredor" e ainda a fazem por solicitação e insistência do estagiário, quando não ocorre a ausência total da Supervisão.

"No início do estágio o que faço é estar estudando, lendo textos, informando sobre a instituição, antes de o aluno ter contato com o cliente ou antes de ele sair a campo. E aí eu acho que o estágio ajuda você a aprofundar a teoria da Faculdade."

A matéria-prima aqui é o suporte que se deve fornecer ao aluno para situá-lo no seu campo de estágio, num primeiro momento e, depois, prepará-lo para a ação profissional. Para a obtenção desse conhecimento é imprescindível ler documentos sobre a instituição, sobre o Serviço Social, discutir sobre estes textos, além de prover informações específicas da instituição e do Serviço Social ao aluno.

Outro aspecto também lembrado por Rodrigues Marques é o da relação teoria-prática:

"E quando você começa a ver, parar e estar discutindo o que você viveu em Supervisão... De estar lembrando teoria e tudo o mais. Eu valorizo muito a teoria! Muitas vezes se fala assim: 'Ah! Tudo o que a gente aprendeu na Faculdade está 'furado'!' Nós discutimos muito esta questão em Supervisão e vemos que se aplica e muito, a teoria passada pelo Curso. (...) De você estar revendo a questão da teoria e da prática, estar questionando o que você está ouvindo na Faculdade, mas principalmente, enquanto postura profissional. De o estagiário se definir enquanto profissional, definir uma linha de trabalho; eu considero que um aluno está apto para exercer a profissão quando sinto que ele definiu uma linha de trabalho para si. (...) Enquanto profissional, em que ele está acreditando? Quais são os objetivos dele, enquanto profissional? Eu não vejo como alguém pode chegar nisso sem Supervisão e sem troca; não só prática, mas ter alguém acompanhando e discutindo isso com o aluno."

Ela enfatiza a importância de se fazer a conexão entre teoria e prática, entre o conteúdo que está sendo oferecido pelo curso ao aluno e o conteúdo que ele está vivenciando no estágio. Significância esta que também se coloca na perspectiva de a teoria estar referendando, alimentando a prática profissional. O questionamento e a clareza das diferentes posições teórico-metodológicas na profissão levam os agentes envolvidos — supervisor e supervisionado — a também se posicionarem e a assumirem "uma linha de trabalho" própria, como Rodrigues Marques reforça por diversas vezes: "...um aluno está apto para exercer a profissão quando sinto que ele definiu uma linha de trabalho para si". E, à medida que isto ocorre, o aluno e o assistente social também se definem enquanto profissionais.

Nesta perspectiva, Rodrigues Marques continua falando sobre este assunto e parte para outros aspectos aí implicados:

> "O estágio tem que dar chance para o estagiário estar observando várias posturas da profissão. Em todo o processo de Supervisão, a gente está sempre discutindo essa questão da postura, tudo o que discutimos, o que vemos de prática, o que acontece na prática, o que lemos — como é que o estagiário está elaborando tudo isso? Como está a clareza de sua postura? O que a assistente social faz? O que eu faço enquanto profissional? Para onde eu vou caminhar? Eu centralizo muito também nisso. Se você tem postura clara, o resto você vai aprofundar, enquanto profissional. (...) A gente discute bem a questão da tendência da profissão. Eu já disse para a estagiária: 'Olha! Não é bem por aí — não é essa a profissão que eu acho que você tem que escolher! Porque eu acredito que para você exercer Serviço Social, você deve ter algo mais, algumas facilidades de relacionamento com as pessoas, de estar realmente sentindo as coisas; quando você trabalha com pessoas, acho que o que você sente, você passa para seu trabalho e para tudo o que você faz'. (...) Para que se evite a assistente social tarefeira sem consciência das implicações maiores de sua ação profissional, você tem que propiciar esta experiência de reflexão e criação frente à problemática enfrentada pela profissão."

Este depoimento destaca o diversificado material, objeto da Supervisão. Relembra que um conteúdo é o estagiário conhecer as diferentes tendências e posturas na profissão, bem com as problemáticas enfrentadas pela mesma; o que lê, observa, e acontece na prática profissional; o que se faz no Serviço Social, o que o supervisor faz, o que o estagiário faz; que direcionamento se dá à prática do Serviço Social; discutir o próprio processo de elaboração pelo estagiário desse conteúdo todo. Além disso, alerta sobre outros conteúdos específicos, como o fazem as docentes: o fato de o exercício da profissão imprescindir que o profissional possua um cabedal de atitudes e habilidades que tendem a servir de arcabouço para o seu fazer profissional, especificando alguns pontos: a questão da postura, do relacionamento, do sentimento.

Outro destaque de conteúdo é o procedimento da ação profissional:

> "O aluno vem esperando alguém que diga para ele: 'olha, você faz isso; relatório você tem que fazer assim, assim. Entrevistar cliente, você fala isso primeiro e depois aquilo, aquilo outro'. A hora que você deixa de agir assim, de dar alguma base para ele, e fala: 'agora você cria dentro da sua experiência, você cria a resposta para isso; não sou eu que estou lá, é você!' É uma dificuldade muito grande. Sabe, é a questão da criatividade, da reflexão, de estar tirando alguma coisa do que ela tem, para aquela situação nova. (...) É difícil você passar o processo de elaboração de idéias em cima do real de documentos, de relatórios. Geralmente, a idéia é de que relatórios são perda de tempo. O relatório é um instrumento importante, que deve estar claro, e que você vai usar para analisar seu trabalho. Eu tento trabalhar muito isso: que a teoria pode, inúmeras vezes, ser inadequada para nossa realidade, mas é a partir dela que você tem que criar e adaptar: negando todo um corpo teórico você não consegue fazer nada!"

Tais trechos desvendam conteúdos de como conduzir a entrevista, de como relatar, de como documentar, de como agir, de como buscar respostas e criar outras alternativas de ação, especialmente em situações novas a serem enfrentadas. Fala ainda na necessidade de "passar o processo de elaboração de idéias em cima do real", mesmo que tal procedimento seja árduo. Desvela a importância de uma prática refletida, sistematizada, substanciada na produção teórica que embasa o Serviço Social.

Rodrigues Marques transcende o material até agora especificado e reconhecido como matéria-prima da Supervisão em Serviço Social, dizendo que é também conteúdo "...o que ele (estagiário) gostaria de ter mais no próprio estágio", partindo-se das lacunas do curso e "...transmitir uma série de conhecimentos teóricos..."

Ela não desloca sua prática supervisora da visão contextual. Nesta medida, reforça a significância do Serviço Social no contexto mais amplo. Daí a importância do domínio do conhecimento da realidade social, das implicações mais extensas da ação profissional, como ela mesma expressa:

> "Quanto à importância do estágio, acho que é o momento quando do você pode conhecer o que é o Brasil, o que é o povo! É uma expe-

riência imprescindível para o assistente social. Para você começar a se equilibrar até pessoalmente, e ter uma visão mais real da situação social."

A posição de Rodrigues Marques em relação ao procedimento metodológico da Supervisão em Serviço Social está mesclada em seus depoimentos, quando se remete ao conteúdo, objeto da Supervisão, o que notadamente é impossível separar-se: como é efetivado *o quê?*

Um dos pontos que ela destaca é a importância de planejar o estágio e a supervisão:

> "É meio desonesto você aceitar um estagiário que vem executar tarefas..., sem ele ter nenhum sentido de *processo: começo, meio, fim.* (...) *No início do estágio* o que faço é estar estudando, lendo textos, informando sobre a instituição, antes de o aluno ter contato com o cliente ou antes de ele sair a campo. (...) Fomos *fazer juntas as pesquisas, contatos, planejamento;* ela não tinha claro *como fazer um plano de trabalho;* (...) *...discutir e fazer juntos um plano de estágio geral.* (...) *...estar planejando* o que você vai fazer nesta. supervisão para estar *avaliando o* andamento daquele aluno. (...) ...você poderia estar *discutindo* esta teoria; aprofundando ou adaptando-a para aquela situação específica ...e *fazer um plano...* (...) ...muitas vezes não dá para você *preparar a Supervisão...* (...) Geralmente a gente *marca Supervisão uma vez por semana...*"

Nota-se incorporada em sua vivência supervisora o hábito do planejamento, que se configura ao nível amplo e micro de atuação, pois Rodrigues Marques fala em Plano Geral e fala em planificar situações que se vão vivenciando na Supervisão. Manifesta, ainda, o processo desse planejamento, que tem "começo, meio e fim"; portanto, que incorpora fases, etapas, sucessões gradativas de aprendizagem. Cita, por diversas vezes, o instrumento "Plano de Estágio", que define, delimita e situa o campo de atuação do estagiário.

É indispensável o aluno sentir-se situado, motivado no seu estágio. Há que se selecionar, priorizar em conjunto (supervisor e supervisionado) determinadas atividades que cabe ao aluno executar; há que se definir exatamente o que ele deseja, espera, precisa treinar e aprender em Serviço Social, ou seja, determinar o que o aluno pode ou não atingir em momentos de sua aprendizagem prática. Nesta perspectiva, o estágio e a Supervisão devem valer-se do planejamento, como um processo dinâmico, contínuo que, através de medidas programadas, fixação de prazos, competências e recursos, assegure o máximo de eficiência e racionalidade, perseguindo um objetivo que leve a modificações orientadas no processo ensino-aprendizagem, tendo como seu objetivo último a formação profissional.

Outras estratégias de ação na Supervisão são recursos e técnicas empregadas por Rodrigues Marques, e que manifestam um movimento, uma dinamicidade no processo de supervisionar:

> "...estar *revendo (...)* estar *questionando* o que você está *ouvindo* na Faculdade... (...) De o estagiário (...) *definir uma linha de trabalho...* Ter alguém *acompanhando* e estar *discutindo* isso com o aluno. (...) A gente *discute* as dúvidas. Nós *discutimos* muito esta questão da *criatividade,* da *reflexão,* de *estar tirando* alguma coisa do que ela (estagiária) tem, para aquela situação nova. (...) *...proporcionar* esta experiência de *reflexão* e *criação...* Acho que o processo de Supervisão, e qualquer outro processo educativo, tem que ser basicamente de *troca. (...) ...*alguém para *trocar, achar junto. (...)* Acho que o processo ensino-aprendizagem *...é você ir vivendo e refletindo* em cima da realidade e tentando criar alguma coisa. De estar *refletindo e criando,* no enfrentamento das diversas situações. (...) Eu tento trabalhar muito isso com o aluno... a *oportunidade de refletir* em cima do que você está fazendo. De você ter uma *parada para discutir* essa prática... ter alguém que *acompanhe* você... mas que seja uma *experiência* (o estágio) *controlada e apoiada!* ...o estagiário *estar observando* várias posturas da profissão. (...) Em todo o processo da supervisão a gente *está sempre discutindo...* (...) Se você tem essa *linha de trabalho* e o estagiário vem... (...) ...estar *discutindo e avaliando* seu próprio estágio."

Sobejamente, aparecem entrelaçados em sua fala os meios utiliza ao operar a Supervisão e de uma forma processual, movimento do "ir sendo e fazendo-se o que há em todo que em homem". Embutido nesse processar a Supervisão, Rodrigues Marques manifesta o estar trocando, o estar lendo, o estar estudando, o estar informando, aprofundando, pensando, clareando, observando, analisando, discutindo, revendo, refletindo, ouvindo, acompanhando, apoiando, avaliando, fazendo, criando e definindo linhas de ação.

Uma vivência de Estágio e de Supervisão com esta expressiva energia, certamente, direciona, ao que ela própria diz, para "que exista esta Supervisão" e para "achar novos caminhos de supervisionar", ultrapassando e superando os anteriores; cariz tão contraditório e alienante de que Estevão veementemente se queixa.

Percebe-se, em sua vivência, o hábito de registrar e documentar a prática profissional, o que nem sempre é uma tarefa fácil para o supervisor e para o aluno entender a sua importância, como ela mesma ressalta.[24]

> "É difícil você passar o processo de elaboração de idéias em cima do real, de documentos, de relatórios. Geralmente, a idéia que se tem é de que relatórios são perda de tempo. O relatório é um instrumento importante que deve estar claro e que você vai usar para analisar o seu trabalho."

É através do registro da prática profissional, da reflexão sobre ela, que, por conseguinte, haverá possibilidades de sistematizá-la e avançar na produção de conhecimentos. Considero relevante fazer uma ressalva sobre esses dois últimos aspectos, pois existe polêmica a respeito e, muitas vezes, estes dois conceitos são confundidos no Serviço Social. A sistematização "constitui um procedimento prévio e necessário à reflexão teórica. Vale dizer, os procedimentos sistematizadores, especialmente fundados na atividade analítica da intelecção, configuram um passo preliminar e compulsório da elaboração teórica — sem, entretanto, confundir-se com ela".[25]

A produção do conhecimento do social pressupõe a sistematização. Portanto, apropria-se dos fenômenos empíricos, analisa-os sob diferentes vertentes, revertendo em um produto teórico. Netto

---

24. Também já destacado por mim. Porém, analiso o depoimento sob outro ângulo.

25. José Paulo Netto aponta ser consensual entre as vertentes racionalistas do pensamento que o fenômeno é o "ponto de partida e obrigatório do conhecimento". Ver "notas para discussão da sistematização da prática e teoria em Serviço Social". In: *Cadernos ABESS*, n° 3, março de 1989, p. 141.

apresenta duas vertentes fundamentais para o processo do conhecimento do social:

a. A visão com raízes neokantianas: que analisa os dados empíricos a partir de uma forma intelectiva e ordenada (seleção, organização, classificação, tipificação, categorização), que conduz a uma formulação racional rigorosa lógico-formal, tendo como produto "um modelo ou paradigma compreensivo dos processos que eles sinalizam, das suas tendências e regularidades".[26]

b. A vertente crítico-dialética: a análise parte da sistematização da matéria empírica, que se traduz em "um elenco de determinações que permite o movimento imanente do processo objetivo, o movimento do objeto real. A reflexão teórica... *reconstrói o* processo do objeto historicamente dado". O produto dessa modalidade de produção teórica "é uma *reprodução* ideal de um processo real".[27]

À medida que o Serviço Social avança na sistematização de sua prática, este é o caminho que provocará os chamados "vôos teóricos", as "metamorfoses", as "ultrapassagens das rupturas e do obsoleto" do Serviço Social, advindo o "encontro da representação genuína e real da *identidade profissional*", reconhecida e sancionada pela sociedade.

O conteúdo, matéria-prima de discussão na Supervisão em Serviço Social, abordado por Chuairi está difuso no seu discurso, o que denota a sua despreocupação em ordenar suas idéias a respeito, sentindo-se à vontade ao falar sobre a sua experiência como supervisora. Detalha vários aspectos, priorizando o próprio objetivo final da Supervisão — a *formação profissional:*

"A formação profissional deveria ser essencial, deveria ser o enfoque da Supervisão... (...) A função da Supervisão está ligada à formação do assistente social; mas não só a formação naquele sentido de você ensinar a fazer uma entrevista, um relatório, um documento de Servi-

---

26. Ibid., p. 143.
27. Ibid., p. 143.

ço Social, em outras palavras, ao cumprimento de tarefas pré-estabelecidas. Para mim, a Supervisão não termina aí! (...) O objetivo maior da Supervisão é refletir junto com o estagiário *'o por quê'* de ele estar fazendo aquilo: Qual é o objetivo? Qual é a ação profissional dele? Como ele enxerga aquilo que ele vê? Qual é o sentimento que ele tem?"

Chuairi esclarece aqui que a prática profissional refletida é o substrato da Supervisão, indagando sobre vários aspectos dessa ação vivenciada e extrapolando para a visão e os sentimentos do aluno frente à sua experiência de estágio. Na medida em que realmente se concretiza o processo de reflexão-ação-reflexão, a possibilidade da eficiência se evidencia no processo ensino-aprendizagem, na formação profissional. Tal processo torna possível a sistematização dessa prática reflexionada.

Outro assunto, objeto da Supervisão, é o que Chuairi relaciona ao "cumprimento de tarefas pré-estabelecidas" e atreladas ao rotineiro que se supõe, no processo de supervisionar: de ensinar, de treinar o aluno na sua prática, exemplificando alguns instrumentos de ação: entrevista, relatório e documentação específica do Serviço Social.

E continua falando sobre a questão da formação profissional:

"A formação profissional deveria ser essencial, deveria ser o enfoque da Supervisão — ela está sempre colocada em segundo plano. Esta questão: 'Como está se formando este profissional? Como é que o profissional vai entrar no mercado?' São questões que preocupam o aluno do quarto ano, mas não estão vinculadas à colocação no mercado, no mercado de trabalho de: 'Como vou me colocar? Como eu vou arrumar um emprego?' E assim: 'Qual é a posição profissional que eu vou ter no emprego que vou arrumar?' Estas questões não ficam claras e, muitas vezes, nem são abordadas no estágio."

"O próprio estagiário, assim como o assistente social, já vem reclamando da Faculdade, do CRAS, do Sindicato, já vem com uma formação deturpada, com idéias pré-concebidas e não reflete sobre o que está acontecendo e fazendo. Também não reflete, nele, como sujeito, como responsável e participante desse processo histórico profissional. Considero esses assuntos bem polêmicos e que mereciam ser aprofundados. (...) Nós passamos muito superficialmente sobre esses assuntos..."

Este depoimento merece várias ponderações. Embora Chuairi dê primazia à formação profissional, há uma contradição quando procura detalhar o substrato da Supervisão. Quanto à indagação que ela remete aos alunos de quarto ano — "Como está se formando este profissional?" —, afirma que tal questão não está vinculada à formação profissional, quando é, no entanto, essencial. Mesmo os conteúdos relacionados ao mercado de trabalho dizem respeito à formação profissional e são preocupações concretas dos alunos no seu processo ensino-aprendizagem e realmente eclodem; quando os alunos estão prestes a saírem da Faculdade. E Chuairi diz, contraditando-se novamente: "São questões que preocupam o aluno de quarto ano...". Além disso, a contrapartida que ela oferece como vinculada à formação profissional, é também contraditória e não-clara: "Qual é a posição profissional que eu vou ter no emprego que vou arrumar?". Contraditória porque esta questão direciona-se também ao mercado de trabalho; obscura — em relação a que posição profissional ela se refere? À posição no sentido de competência? À posição, na acepção de status e ascensão social?

Outro conteúdo apontado é a necessidade de o assistente social e o estagiário refletirem sobre o seu cotidiano profissional — "sobre o que está acontecendo e estão fazendo" —, ressaltando que tal operação pouco ocorre, além de ser superficial. Destaca como substância da Supervisão a auto-reflexão que conduz ao autoconhecimento e ao processo de maturação profissional, tornando o agente "responsável e participante desse processo histórico profissional". Tal conteúdo desvela sua concepção de homem, identificando-se com as visões das docentes. Relacionado a este aspecto, lembra que muitas vezes o aluno estagiário questiona a ação e determinadas atitudes do supervisor, sendo estes conteúdos objetos da Supervisão:

> "Mas o estagiário checa a sua prática profissional. Exemplo: 'E por que você não fez isto? Por que você tomou uma atitude 'x' e não tomou uma atitude 'y'?' E, por exemplo, quando você fala: 'Não dá para fazer ou não dá ou não tem espaço na instituição!' Daí o estagiário diz: 'Mas por quê?...' Ele sempre questiona no sentido até de acomodação. E que até muitas vezes é! É acomodação do profissional, que está sempre naquela rotina do dia-a-dia e não consegue enxergar nada! Eu acho que a primeira coisa é que, às vezes, fica ameaçador

para o assistente social dar Supervisão: esse negócio de ele ser de repente checado nos seus valores e nos seus valores profissionais..."

O fato de o profissional supervisor sentir-se questionado pelo aluno em relação, inclusive aos seus valores pessoais e profissionais, pode induzi-lo à mudança, a reciclagens e, conseqüentemente, a ter consciência de sua ação e de seu papel enquanto supervisor, o que Chuairi confirma em outro depoimento:

"Ter consciência do que se faz! Eu estou simplesmente dando este relatório para o estagiário fazer e não estou discutindo com ele, porque eu tenho minha limitação neste sentido: 'Eu não sei isto ou eu não sei aquilo; não gosto ou me incomoda o estagiário vir me checar, ou eu estou despreparada profissionalmente!' Isso tudo eu tenho que ter claro! Estes aspectos interferem no processo da Supervisão."

Continuando, refere-se à defasagem profissional, apontando algumas saídas para tal posição:

"Daí, precisa realmente haver uma reciclagem. Se você não estiver junto, se você não estiver acompanhando o movimento da categoria, o que está acontecendo no Serviço Social, mesmo com todas as coisas que se sabe por aí... você não consegue dar Supervisão!"

Esta fala revela conteúdos mais amplos, relacionados à categoria profissional e ao Serviço Social como um todo. Neste sentido, o estagiário muitas vezes, pode também estar despreparado para realizar o seu estágio; ele pode também estar defasado em sua formação profissional, o que é apontado com propriedade:

"... o estagiário pode estar fazendo uma coisa que ele ainda não aprendeu. Outra coisa confusa é a relação da política, da política social, entre a política institucional e o papel do Serviço Social. Vou dar um exemplo que ocorre aqui no estágio: esta instituição trabalha com deficientes mentais. O estagiário consegue analisar a situação do mundo, do governo, a relação destes com a população de deficientes que não é privilegiada. Tudo isto ele faz teoricamente muito bem, mas, na hora em que ele vai lidar com a família, ele fica perguntando: 'Mas o que eu faço com toda essa informação?' Então, ele sente uma defasagem entre a teoria e a prática".

É a tão propalada questão da relação teoria-prática que novamente está em jogo. Indaga-se a respeito: é questão da defasagem teoria-prática? É questão de como operacionalizar para a ação o suporte teórico-metodológico da profissão? É questão da teoria não dar conta do real-concreto-particular de que o assistente social se ocupa, na sua prática?

São questionamentos polêmicos na profissão e borbulham constantemente, tanto na Unidade de Ensino de Serviço Social quanto no contexto prático profissional. O depoimento acima desvenda o não-preparo do aluno para vivenciar a prática profissional, ficando perdido. Ele se sente apto para realizar uma análise da realidade, mas não para operacioná-la. Aliado a este cariz, Chuairi destaca outros conteúdos: política social, política institucional, papel do Serviço Social, que merecem estudos mais acurados pelo Serviço Social no sentido do uso efetivo-prático desse conhecimento e, por isso, tais conteúdos são também fragilizados e pouco trabalhados na Supervisão. Aponta outros aspectos relevantes na Supervisão e na formação profissional, mas também escassamente ressaltados:

"Gostaria de assinalar, também, que a relação pedagógica da Supervisão, embora seja um dos aspectos profissionais, não tem sido suficientemente discutida enquanto uma relação de poder, cuja especificidade tem um peso significativo na formação do assistente social."

Ela fala aqui da relação pedagógica e da relação de poder, assuntos relevantes na processualidade da Supervisão e objetos importantes de análise na Supervisão para que se desenvolva de modo eficaz. Estes aspectos são por mim destacados no capítulo II, do livro *Supervisão em Serviço Social — o supervisor, sua relação e seus papéis*.

Chuairi exemplifica uma questão de rotina, como matéria de reflexão na Supervisão:

"Um exemplo daqui — a questão do horário de estágio. As estagiárias perguntam para mim: "Eu preciso mesmo entrar à uma hora e sair às cinco, em ponto? Posso sair quinze minutos para às cinco horas?" É aquela coisa... bem própria do aluno. Às vezes, eu até deixo sair mais cedo, mas eu discuto com elas que o sair cinco horas não é só uma imposição da instituição. Se amanhã uma estagiária vai trabalhar, ela tem que ter responsabilidade profissional até nesse sentido. E elas dizem para mim: 'Quando a gente estiver trabalhando, não vamos fazer isto!'"

A questão do horário está relacionada ao planejamento da ação profissional. Existe uma atividade, aqui denominada em seu conjunto de *Estágio*, que está situada no tempo e no espaço, não pelo simples cumprimento de uma carga horária, mas porque a ela está imbricada uma responsabilidade profissional, um compromisso assumido com a Instituição, com o Serviço Social e com o usuário.

Quanto ao processo operativo da Supervisão, Chuairi expressa alguns aspectos. Manifesta a importância de planejar o estágio do aluno:

"Outro item relevante é a necessidade de você ter um *Plano de Estágio, com etapas a serem desenvolvidas* para cada aluno. Mas na minha experiência profissional o que *tenho observado* é que ou não existe *Plano,* ou o mesmo é usado e aplicado indiscriminadamente para todos os estagiários daquela instituição. (...) A função da Supervisão (...) ao cumprimento de *tarefas preestabelecidas.*"

Além do que as docentes e supervisoras já abordaram, Chuairi faz um destaque a respeito: o de individualizar-se o Plano de Estágio, de acordo com cada estagiário. Parece querer resgatar o conceito de indivíduo no Serviço Social. Contudo, há algumas ressalvas a se fazer. O resgate do conceito de indivíduo está relacionado à visão, à intencionalidade, ao modo de supervisionar e, por conseguinte, às estratégias empregadas para tal operação. Nesta medida, pode-se utilizar da *Supervisão Grupal*, que contempla mais o grupo com preocupações referentes "ao experienciar o Serviço Social" (ao teórico-metodológico vivenciado), e a *Supervisão Individual*, que complementa a grupal, ao emergirem as diferenças dos elementos do grupo e suprindo as necessidades, expectativas, dificuldades etc. de cada supervisionado, individualmente.

Refere-se a outras estratégias e instrumentos, como recursos propícios e que desvelam a dinâmica do processo dá Supervisão:

"Daí, eu encaro a Supervisão assim: você tentar *estar discutindo, estar entendendo* esse momento e levar o estagiário *a fazer uma análise maior*, relacionando a sua profissão com o contexto da sociedade. (...) ...o estagiário e o assistente social *não refletem* sobre o que está acontecendo e fazendo. Cada um também *não reflete nele*... (...) Eu estou simplesmente dando este *relatório* para o estagiário fazer e não *estou discutindo* com ele, porque eu tenho minha limitação neste sentido..."

"O estagiário vai *fazer um tipo de trabalho*; daí o supervisor vai ou *corrigir*, ou se limita só a isso — não se faz uma *discussão mais ampla*. E ele acha que o papel dele é só *ensinar, fazer entrevista, fazer visita* etc... (...) Por exemplo, as minhas estagiárias daqui — elas não conseguem desenvolver uma porção de coisas que eu gostaria que elas fizessem. Eu sei que a própria instituição limita. Tudo isto eu *discuto com elas;* o porquê de estar acontecendo isto. (...) Considero que a questão não é essa, de você fazer uma *avaliação de estágio* dizendo que o aluno é ótimo. Nós devíamos fazer uma *avaliação do que nós* (estagiário e supervisor) *conseguimos evoluir*. E muito menos o estagiário dizer: 'Não; a minha supervisora é ótima, é maravilhosa!' Geralmente a coisa é baseada em relacionamento pessoal e não profissional."

Os depoimentos acima e os já destacados na análise da *matéria-prima* da Supervisão em Serviço Social, além do Plano de Estágio, enfocam instrumentos, como a entrevista, a avaliação, o relatório, a documentação e as técnicas de discussão, de reflexão, de observação. A fala de Chuairi desvela um vazio, uma carência, uma defasagem e a não-objetividade, quando inexiste um suporte metodológico eficiente *de como trabalhar o conteúdo da Supervisão* e quando o supervisor não está preparado ou não está disposto a supervisionar.

4.2. Das alunas estagiárias

Como se posicionam as alunas em relação ao núcleo temático em pauta? A visão das estagiárias sobre o conteúdo da Supervisão a ser objeto de análise no seu processo é bastante restrita. O domínio da preocupação e interesse das estagiárias restringe-se ao relato sobre o estágio, sobre o que fazem, sentindo-se "donas da situação", assunto que analisei na primeira parte. Em alguns momentos, Ventura expressa sua posição a respeito:

"A Supervisão só se realiza de verdade a partir do que se está confrontando, do que se produziu; a partir de uma idéia e confrontando esta com a prática, que é a experiência. (...) ...estar recuperando a teoria que se tem e vendo como isso acontece na prática e como volta para a Universidade. (...) ...a Supervisão, no sentido de fazer uma síntese de juntar uma coisa à outra no Serviço Social... (...) Tinha momentos que eu ia num grupo e encontrava lá um problema superdifícil de relacionamento grupal. Daí eu falava: 'E agora, como que eu faço? Me ajuda a entender melhor isso!' Era uma Supervisão a partir de um concreto, de um trabalho! É claro que, no discurso, no entendimento daquele problema, eu tinha todo um respaldo teórico e de como encaminhar isto. (...) O que é esse novo? O que disso posso mudar? Em que eu posso crescer? O que eu posso passar? (...) Eu me lembro que, a partir da minha prática, minha supervisora ficava muito impressionada de como eu falava com as pessoas... (...) Têm muitos conhecimentos que você tem que aprender a fazer. Você tem que conhecer a Instituição. Até onde você pode ir na Instituição? Tem que conhecer os instrumentos. Isso tudo, em algumas instituições é muito específico. Tem formulários muito próprios para preencher, projetos etc."

A estagiária deixa muito nítido o fato de a Supervisão operar-se a partir do trabalho concreto, da experiência prática, do que se produz.

Ela aponta alguns conteúdos a serem objetos de análise. Um deles é a questão teoria e prática: tendo como ponto de referência a teoria, examinar, dissecar como ela se incorpora à prática e, por sua vez, como essa prática analisada volta para a teoria. A inter-relação teoria-prática e dos conteúdos dessa prática levam a que se tenha uma visão de totalidade do Serviço Social no campo de estágio, sendo que, pertinentemente, Ventura delega à Supervisão o papel sintetizador e que oportuniza a visão de globalidade.

Destaca outro ponto, afirmando que "têm muitos conhecimentos que você tem que aprender a fazer". A aprendizagem desses conhecimentos pode se dar pela própria vivência prática, mas é no processo da Supervisão que essa aprendizagem se solidifica de forma substancial, pois é nesse processo que se dá a reflexão, a discussão e a análise sobre a experiência prática, culminando na apreensão e operacionalização do conhecimento.

Dos depoimentos acima, destacam-se alguns conteúdos a serem apreendidos no Estágio: o conhecimento da Instituição Campo de Estágio; os instrumentos de ação do assistente social; o registro do agir profissional, bem como o uso da documentação, forma rotineira do Serviço Social nas instituições.

Ventura ressalta como conteúdo a ser analisado na Supervisão o conhecimento próprio e o da população usuária, partindo de indagações:

"Que é ser pessoa? Como entender alguém como pessoa, como gente, dentro de um programa? Eu sinto que essas coisas estão ligadas e não são trabalhadas. (...) Não estamos acostumados a viver; estamos acostumados a nos ajustarmos com o que interessa e pronto! O que e quem não interessa, não interessa! Isso é um superdesafio, você amar... A gente tem que ajudar a extrapolar um pouco isto, o que exige um trabalho diário, de ter consciência do que você é, e isto não é uma coisa automática! Não é como você pegar um livro, decorar e repetir! Exige um confronto com o que você é — o que é muito mais, muito, muito mais! (...) Ontem conversei com o pessoal dos *sem terra*, que eu fui visitar lá na periferia. Eles contaram como foi a luta de ontem. Estavam acampados na Assembléia e foram em passeata e com crianças! O que me leva a fazer isso? Entender um pouco mais o que é essa história deles, para poder me relacionar com essas pessoas e atuar."

Quanto à maneira de realizar a Supervisão a estagiária desvenda alguns aspectos:

"Eu *observava* a supervisora, e era a partir de uma postura minha, de muitas *dúvidas*, que eu *conversava com ela*... (...) fazer uma *síntese*... (...) ...a gente não tem que ficar sentado, pensando na construção de uma novidade! As *questões* já são dadas e dentro disto é que se pode ser *criativa*. (...) No mínimo, você tem que *estar instrumentado para entender*. Não teria um *outro meio*? Como é que a pessoa vai estar se sentindo, sendo *entrevistada*, em plantão etc.? Deve-se estar *questionando* isto!"

Percebe-se que Gonçalves pontua aspectos mais gerais como conteúdos. Indica as questões da profissão, da instituição e da população usuária da instituição onde o Serviço Social atua, tendo consciência desses aspectos e de suas inter-relações. Destaca o contexto como matéria-prima da Supervisão, ressaltando as determinações deste no processo do agir profissional. Culmina apresentando como papel prioritário da Supervisão a reflexão sobre a prática profissional num sentido global, que abrange indagações várias, desde o porquê da opção daquele instrumento, como utilizar o instrumento entrevista, até a visão sobre a pessoa-usuária e sobre os seus sentimentos.

E Gonçalves especifica alguns ângulos do conteúdo da Supervisão:

"No segundo ano questionamos muito sobre o assistencialismo. Estar debatendo temas como este e outros que são importantes para a profissão, para a formação profissional, seria bom. (...) Eu queria discutir sobre a profissão, ainda mais agora que estamos fazendo o TCC (Trabalho de Conclusão de Curso). Um dia eu fui falar com a supervisora sobre o meu tema do TCC que é: 'Por que os profissionais acabam se acomodando nas instituições'. Muitas vezes entra-se numa instituição comum objetivo fixo, com uma proposta de trabalho e uma linha de trabalho determinada e, chegando na instituição, percebemos que ela tem outros objetivos e o jogo do poder é tão forte, que acaba sobrepondo-se aos dos profissionais, que deixam de lado os seus objetivos, enquanto profissionais e ficam com os objetivos da instituição: reproduzem a instituição e deixam tudo aquilo de lado. Então, eu coloquei o meu tema, pensando em discutir um pouco com ela, pois esse é um ponto pelo qual a maioria dos profissionais de órgãos públicos passa. Disse-me: 'Ah! Interessante o seu tema' e foi embora. A supervisora poderia ajudar-nos a pensar sobre o tema que estamos desenvolvendo... e ela não deu a mínima! Eu estou muito envolvida com a temática e acho que tem a ver até com a questão da Supervisão."

"Também tem muita coisa na minha cabeça; tenho muitas perguntas, muita coisa sem resposta! (...) Eu não entendo porque um profissional não dá Supervisão para o aluno! É medo de ser checado? É medo de o aluno estar questionando aspectos sobre os quais ele nunca pensou? (...) Às vezes eu coloco minhas idéias para a supervisora e ela reclama: 'Você não me traz nem um livro da Faculdade para discutirmos juntas'. Não discutimos nem o nosso trabalho de equipe e vamos discutir algum texto da Faculdade? Uma vez emprestei-lhe um livro e quando o devolveu não falou nada sobre ele! Seria o caso de nós duas termos discutido juntas o conteúdo do livro! (...) Se hoje perguntarem a ela de como eu desenvolvi o meu trabalho, o que eu penso, como eu percebo a profissão, creio que ela não sabe responder. O supervisor deveria saber como pensa o estagiário que está ali todo o dia com ele. Ela só sabe que eu sou pontual, que eu chego no horário, que eu sou responsável! Mas ela não tem uma visão de como eu vejo as coisas. (...) Se eu tivesse Supervisão... às vezes de uma conversa com o pedagogo eu aprendo muito mais do que com minha supervisora. Eu tenho aprendido muito mais do pedagogo, dos alunos, dos cursos, sobre a realidade da vida. Acho que a supervisora deveria estar pensando sobre a profissão."

Há nessas falas um leque de conteúdos não-ordenados e que retratam os conflitos da estagiária no seu estágio e sua ansiedade pela omissão da Supervisão: "tem muita coisa na minha cabeça; tenho muitas perguntas, muita coisa sem resposta".

Gonçalves reforça o conteúdo sobre a profissão: o discutir o trabalho executado pela equipe de Serviço Social, o como a profissão é por ela percebida, desencadeando na vontade de tornar objeto do processo da Supervisão, o tema de seu Trabalho de Conclusão de Curso. Oportunamente, e com muita propriedade, ela aponta tal questão. Sua insatisfação, balizada pela sua realidade negativa no estágio, faz com que selecione para seu estudo final de curso uma temática que tenha afinidade com o seu *real vivido*, com seus sentimentos, suas percepções *do aqui e agora* da profissão e do agir profissional institucional. Seus questionamentos, suas dúvidas, sua visão de mundo, de profissão e de prática profissional, talvez, aqui, com este tema, encontrem respostas e saídas para seus dilemas.

Em seus últimos depoimentos, enfatiza novamente o seu processo vivenciado em relação à Supervisão, apontando ora a defasagem de conhecimentos pelo profissional assistente social, ora o não-conhecimento mútuo entre supervisor e supervisionado, ora a fragmentação da formação profissional que se reproduz na Supervisão, redundando em sua fragilidade, ausência e negação, e na busca de saídas externas ao Serviço Social, "de uma conversa com um pedagogo eu aprendo muito mais do que com a minha supervisora".

Quanto à forma de se processar a Supervisão, extraio alguns recursos, enunciados nos depoimentos de Gonçalves em relação ao conteúdo da Supervisão:

"Eu queria discutir sobre... Eu coloquei o meu tema pensando em discutir um pouco com ela... (...) tenho muitas perguntas, muita coisa sem resposta! (...) de o aluno estar questionando aspectos que ela nunca pensou! (...) Ela não está mais interessada em questionar alguns pontos da profissão. (...) ...supervisora... estar mostrando os caminhos para nós. (...) ...de se estar discutindo... (...) não pensar no que está fazendo, sem refletir. (...) Deve ser vista e questionada. (...) ...mostrar: 'Agora você vai fazer uma entrevista e você afaz assim, assado...' mas, também, refletir. (...) Deve-se estar questionando isto! (...) Questionamos muito... (...) Estar debatendo... (...) uma troca de experiência... (...) coloco as minhas idéias... para a gente discutir junto. (...) Não discutimos nem o nosso trabalho de equipe e vamos discutir algum texto da Faculdade? (...) ...nós duas termos discutido... (...) Como eu desempenho o meu trabalho? (...) ...supervisora estar mostrando os caminhos para nós."

E ainda há outros trechos que abordam a questão:

"O supervisor deveria estar junto comigo para ensinar como deveria fazer, porque a gente se perde muito no começo do estágio. Então, o estágio deve ocorrer passo-a-passo, para se ir aprendendo. Não adianta o estagiário ficar jogado na instituição. Deveria ser uma coisa clara para o aluno e direta: 'Você vai neste estágio; você vai desenvolver tais coisas, tais propostas etc.' e, daí, haver um acompanhamento para desenvolver tudo de forma adequada. (...) Em abril vão fazer dois anos que eu estou lá e, até hoje, se eu tive duas Supervisões, foi muito! Duas Supervisões, porque eu cheguei e disse: 'Não dá mais! Não sei mais o que fazer!' No primeiro contato, quando eu e minha supervisora sentamos para fazer o Plano de Estágio, ela disse: 'Nós vamos ter Supervisão todas as semanas; toda sexta-feira nos reuniremos para uma discussão'."

"Daí a importância de uma supervisora que está há mais tempo na prática, estar mostrando os caminhos para nós. Eu não digo que a supervisora deva estar em cima de nós a toda hora, mas em dois anos — duas Supervisões — não dá! (...) Quando a Faculdade pedia a avaliação de estágio, dos supervisores, a supervisora dizia: 'Faz você e depois eu leio; se houver alguma coisa que eu não concorde, eu modifico'. Eu acabava fazendo, pois eu sabia que se eu não fizesse, ela não fazia. Se eu esperasse ela fazer, ia acabar o prazo aqui da Faculdade e eu não ia entregar a avaliação. Daí eu fazia, ela corrigia, tirava alguma coisa que achava que não estava muito bem e eu trazia para a Faculdade. Em uma das avaliações eu disse: 'É o seu parecer a meu respeito'. Daí ela escreveu: 'A estagiária teve um bom aproveitamento... etc...', e nada aprofundado. (...) Então eu disse para a supervisora que eu estava pensando em fazer uma reunião com os alunos. E ela disse: 'Ah! Tudo bem! Nós podemos planejar juntas!' Daí eu me empolguei. Nisso já tinham se passado seis meses de estágio. E quem acabou fazendo a reunião com os alunos fui eu, pois ela não participou."

Mesmo situando-se no plano idealizado, Gonçalves destaca vários recursos a serem utilizados na ação supervisora, tais como a discussão, o questionamento, a reflexão, o debate, a troca de experiências, a observação, a demonstração, a exposição — técnicas que, se usadas, enriquecem o processo da Supervisão. No discurso, a aluna cobra a utilização desse recurso na Supervisão, que, em grande parte, não acontece e desabafa: "Se eu tive duas Supervisões, foi muito!". Esse indicador negativo dá asas de como concretamente acontece a Supervisão em muitos Cursos de Serviço Social, situação esta que deve ser urgentemente revista, repensada e superada, pois não atinge os seus objetivos.

A importância e necessidade de se planejar a Supervisão transparecem na fala de Gonçalves: "...planejar juntas", "o estágio deve ocorrer passo a passo", "haver um acompanhamento...", "... sentamos para fazer o Plano de Estágio", "...vamos ter Supervisão todas as semanas; toda sexta-feira nos reuniremos para uma discussão". Na posição da aluna houve um planejamento inicial do seu estágio, que não foi seguido e tampouco tal fato ocorreu posteriormente, concretizando-se a Supervisão num *laissez-faire* que culminou em desmotivação, conflitos e inquietação por parte da estagiária. Neste sentido, há que se executar o Plano de Estágio e avaliá-lo constantemente. "A consciência tem que permanecer ativa ao longo de todo esse processo, não só tratando de impor um objetivo original, mas também modificando-o, em prol de sua realização".[28]

Além do Plano de Estágio, a aluna aponta outros instrumentos comuns no processo da Supervisão: a entrevista, a reunião de supervisão, a avaliação. Cabe ressaltar que os instrumentos, bem como as técnicas, não devem ser fins em si mesmos, mas meios, formas escolhidas a partir do caráter real da matéria-prima da Supervisão e de seus objetivos, situados historicamente.

---

28. VÁSQUEZ, Adolfo Sánchez. *Filosofia da Praxis*, 1978, p. 243.

Morais é a estagiária que mais detalha o conteúdo da Supervisão em Serviço Social:

"De princípio, o aluno tende primeiro a se angustiar diante do trabalho que eu acho penoso e de estar sentindo as coisas muito individualmente. Por mais que você discuta a questão social, você aprende a fazer uma análise de conjuntura, mas na hora em que você está atendendo, principalmente se é caso, você particulariza — é automático! Mas se você tem um espaço para estar discutindo esse caso, esta situação, com sua supervisora e ela consegue fazer a relação com as outras coisas, com a conjuntura, você se sente menos tensa, mais aliviada e consegue até progredir mais no trabalho. (...) ...nem sempre o supervisor consegue estar entendendo você enquanto pessoa e enquanto profissional. Eu acho que isso é importante para você crescer e se perceber, na medida em que você está sendo profissional e na medida em que você está sendo mais pessoa, mais cidadão e entendendo a situação. O objetivo principal da Supervisão é esse, pelo menos para mim."

"Quando eu cheguei a discutira teoria marxista, o processo capitalista, a minha supervisora falou assim: 'Não! Espera aí — Quem é você? De onde você vem? Quem é Iraceles? Por que você escolheu Serviço Social? O que você está esperando do estágio? O que temos para lhe oferecer?' Eu fiquei um pouco decepcionada: 'Por que esta mulher quer me conhecer? Para que? Eu vim aqui para discutir a minha profissão, doida para atender todo mundo!' E aí, com o tempo eu consegui perceber o quanto isso foi importante. (...) Agora, à medida que você tem um conhecimento maior da pessoa, do trabalho que ela tem, e quem é o estagiário — você consegue até conhecer o trabalho dele nas entrelinhas, o que foi discutido. (...) Então, a isto eu estou muito atenta agora, para estar entendendo realmente quem sou eu nesta história? Qual é o meu papel? (...) Como é que essa supervisora vai passar para o estagiário a questão da relação teoria e prática? A questão de discutir o ser? A identidade do profissional?"

A aluna destaca o espaço que ela ocupa na Supervisão para estar discutindo e refletindo sobre a sua prática profissional, espaço esse que, se ocupado e aproveitado, reverter-se-á em benefício da própria estagiária, conseguindo desenvolver mais o seu estágio.

Morais realça a questão de o aluno, no início de seu estágio, sentir-se ansioso ante o novo, ante o que lhe aguarda enquanto ação profissional, material esse objeto de discussão na Supervisão. É importante relevar tal conteúdo no início do estágio e pontuar que é um processo inerente a um aluno principiante, em que há um predomínio do teórico sobre o técnico. Tal situação de aprendiz conduz o estagiário a sentir-se inseguro, tenso, medroso, sentimentos que devem ser trabalhados na reunião de Supervisão.

Outro conteúdo apontado é a concepção de homem, configurada mais nela própria, enquanto pessoa e enquanto estagiária. Nesta perspectiva, especifica alguns substratos: a questão do ser, do ser pessoa, do ser estagiária, do ser profissional, do ser supervisor, do ser cidadão, da identidade profissional. Enquanto a aluna analisa tal conteúdo, nas entrelinhas aparecem outros materiais a serem discutidos na Supervisão, tais como a questão social, a conjuntura atual, a teoria marxista, o sistema capitalista, a relação teoria-prática no Serviço Social, a profissão, a prática profissional, a relação de um atendimento social com o contexto e a teoria: substratos significativos para entender-se a prática social vivenciada em sua totalidade.

Morais estagiou em duas instituições públicas concomitantemente — uma estadual e outra municipal e constantemente em seu discurso aparecem exemplos e confrontos de suas vivências nessas duas entidades:

> "Acontece que o que ela me deu, as primeiras coisas, foram as normas do estagiário. Então o estagiário nunca podia fazer perguntas que não fosse à supervisora. O estagiário tinha que ter muito cuidado com os objetivos, mesmo porque estava ligado à Secretaria de Segurança Pública. Uma coisa muito rígida! Desde você não sentar na mesa porque o Delegado não gosta, até você fazer o cliente falar baixinho porque atrapalha. É uma coisa terrível! Ela deu as normas da Instituição, deu as normas do estagiário; eu já li com os olhos assim meio tortos, sabe quando você fala: 'acho que não vai dar certo'! E coloquei algumas coisas; eu acho que fui um pouco dura nas colocações: 'Eu discordo! Por que você não pode mudar? Por que que a gente não faz uma reunião de equipe? O que acontece aqui?' E ela sempre escamoteando, saindo de lado. Bom, aí ela passou a ler meus relatórios; acontece que os meus relatórios eu não conseguia escrever normalmente porque eles usam aquele modelo Psico-Social-Diagnóstico... direitinho! E eu me perdia naquilo, porque as coisas estão muito ligadas.

Você vai fazer uma diferenciação entre diagnóstico e o estudo de caso — você vai estar fazendo, mas não de forma tão estruturada. Na minha cabeça as coisas não acontecem assim tão repartidas; me incomoda um pouco isso. Aí conversei com ela, pedi para fazer um relatório um pouco mais livre."

Através do desabafo de Morais, pode-se destacar a matéria para a Supervisão. Ela fala em normas do estagiário, normas da instituição que deveriam ser "rigidamente" cumpridas, em atitudes esperadas do aluno no estágio por parte da Instituição, em relatórios dos atendimentos, em etapas do método de intervenção, ressaltando o modelo tradicional do Serviço Social — conteúdos muitas vezes desfocados da realidade atual do Serviço Social e difíceis de serem aceitos pela estagiária, que apresenta uma postura crítica aguçada. E ela exemplifica uma reunião de Supervisão onde foi discutido o conteúdo do relatório:

"Eu sei que, assim de princípio, ela se amarrou muito nos meus relatórios, que era a única forma de ela conseguir conhecer o meu trabalho. Anterior um pouquinho, ela me deixou um mês lendo o material da Instituição. Eu acho isso importantíssimo! Porque na Prefeitura também fiz isso, fiquei uma semana lendo o material, conhecendo quem era cada equipe, conhecendo o organograma da Instituição, para eu até me situar!"

"Na primeira Supervisão, a supervisora pegou meu relatório e leu, depois falou: 'Olha, o seu relatório parece uma historinha! Você só conta os fatos; você não está analisando!' E, aí, eu me lembrei da entrevista e vi que nela eu tinha ficado quase uma hora com a pessoa e a gente tinha discutido muita coisa que ultrapassava até os objetivos da instituição, mas que era a problemática da pessoa e eu queria estar entendendo isso. Aí eu coloquei para ela como eu me sentia, como foi a entrevista. Mas foram tantas coisas negativas; ela não apresentou nenhuma positiva! Nada! Eu fiquei chateada! Falei: 'Bom, então, realmente eu não sei escrever; não está dando certo; não estou colocando objetivos aí; não estou entendendo nada!' Só que na segunda Supervisão, na hora que ela sentou, eu olhei para ela e falei o seguinte: 'Eu preciso conversar muito com você!' Porque uma semana antes eu tinha atendido alguns garotos que tinham sido pegos e iam para a Febem (Fundação do Bem-Estar do Menor), e eu nunca tinha mandado ninguém para a Febem! Tinha falado mal da Febem a vida inteira! E quando eu vi que aquelas crianças estavam indo para a Febem, que eles nem sabiam que estavam indo para lá, realmente achei o cúmulo do absurdo e não conseguia admitir que um profissional poderia fazer aquilo! E tinha alguns dos garotos que realmente eram meninos de rua. Um deles, não sei se percebeu que eu estava muito insegura, ele entrou na minha sala e começou a encenar um assalto na minha frente. Eu fiquei muito nervosa e comecei a escrever, a relatar tudo o que estava sentindo na hora, porque não conseguia falar com o garoto; eu tinha medo dele! Estava sentindo medo mesmo! E, ao mesmo tempo, misturava as coisas, porque a idéia de menino para mim era a criança que é algo muito frágil, muito delicada e ali era um menino-homem e eu não estava entendendo nada! E a minha supervisora nem sequer discutiu isso comigo. Eu fiquei muito mal! Voltando, então sentei com ela e falei: 'Olha, sua Supervisão hoje pode estar montada, só que eu não quero discutir relatório! Quero discutir só como estou. Estou me sentindo assim, assim, assim... Eu acho que me fez mal não conseguir trabalhar com os garotos; acho que é uma coisa que você vai ter que me ajudar e trabalhar comigo porque eu não estou conseguindo!' E ela ficou comigo fazendo umas duas horas de Supervisão, quase só me olhando e tentando depois colocar para mim que essa era a realidade — que os meninos tinham que ir para a Febem mesmo, que eles estavam na rua e a Febem era melhor do que dormir embaixo da ponte. E eu queria discutir como eu estava me sentindo, como era difícil para mim estar entendendo aqueles meninos! E como a sociedade era uma coisa muito suja, feia e que eu não queria ver! E como profissional do Serviço Social, eu era uma pessoa feia, sabe? Assim, eu estava ajudando para acontecer aquilo! Eu não sei se foi por causa disso, por causa de estar colocando muitas coisas, de fazê-la refletir muitas coisas — a gente não teve mais Supervisão. Teve mais umas duas vezes que ela parou e dizia: 'Como você está, muito insegura?' E eu respondia: 'Estou mal! Continuo não gostando disso aqui!' Mas, ela virou e disse: 'Mas eu não sei lhe dar Supervisão, porque não dá para dar Supervisão para uma pessoa quando ela não gosta do que faz! Quando ela não acredita no que faz!'"

"Porém, eu tinha a grande sorte, e tenho, de poder levar estas questões para minha outra supervisora e aí ela fez uma outra leitura. É a assistente social que me dá Supervisão na Prefeitura. De vez em quando eu chego como uma bomba, pronta para explodir! Então, ela senta e fala: 'O que está acontecendo?' Aí eu coloco e ela me ajuda, até estar entendendo os limites da outra supervisora; que é uma pessoa que tem o Serviço Social muito claro para ela; que é a questão de ajudar a pessoa que está ali e procurar o melhor para a pessoa. Se o melhor é a Febem na nossa sociedade, então ela vai para a Febem."

"Mas a minha relação com essa supervisora está muito difícil! Não conseguimos conversar, nem como pessoa e nem como profissional. Eu sinto que aprendi coisas com ela. Por exemplo, como fazer uma entrevista melhor. Quando ela apontou todos os pontos negativos da minha entrevista, eu conseguia perceber coisas que eu tinha deixado de perguntar e que eram importantes para eu entender. Então, eu acho que ela tem méritos! Estar com ela tem méritos, só que para mim acabou! Três meses de estágio foram suficientes para perceber que ela já passou para mim tudo o que ela podia me passar. Tanto que na semana passada ela me chamou e falou: 'Como você já passou da sua fase de experiência, você vai ter que voltar a fazer o relatório, o prognóstico, o diagnóstico do caso...' Daí falei: 'Eu não vou fazer este relatório, não porque eu não goste, mas porque eu discordo dele! Eu não consigo escrever deste jeito. Não me sinto bem! Se você quer que eu faça uma entrevista mais profunda, que eu coloque mais questões no papel, eu posso colocar, do jeito que eu venho colocando!' Aí ela insistia, dizendo que era impossível, que a Instituição exigia e que ela não podia apresentar para a Direção um relatório que eu fazia, sem estar estruturado. Eu tentei discutir com ela, não teve condições, e continuo fazendo meus relatórios do jeito que eu fazia."

Esta forma de relatar vislumbra a dinâmica do processo da realização da Supervisão, dissecando temas relevantes e objetos de análise. Um deles é que, através do relatório o supervisor conhece e apreende a prática profissional do aluno. Desta forma, o tipo de relatório é questionado pela supervisora da estagiária, mas parece que, pelas reações de Morais, esta não recebeu as informações necessárias de como relatar. Seja como for, podem-se destacar vários conteúdos, objetos de supervisão: a introdução do aluno no estágio; o conhecimento da Instituição Campo de Estágio; o instrumento entrevista e sua condução; a problemática do usuário; os sentimentos do estagiário ao direcionar a entrevista; a relação supervisor-supervisionado (conflitos, entraves, visões diferentes etc.); as contradições, limites e deficiências da realidade e da postura profissional; os incipientes recursos da comunidade; a concepção de criança e adolescente; a insegurança da estagiária ao sentir-se desprotegida pela supervisora e não-apta para intervir em determinadas situações.

Evidencia-se nessa dinâmica da Supervisão que os sentimentos, tanto do supervisionado quanto do supervisor merecem ter um tratamento objetivado na construção da identidade profissional e não podem ser ignorados no processo da Supervisão, bem como no processo de sua formação profissional no Curso de Serviço Social.

Outro ponto a destacar é que a relação supervisor-supervisionado torna-se muito mais difícil quando incompatibilidades várias são muito pronunciadas e quando supervisor e supervisionado possuem posições divergentes: pensam diferente, percebem diferente, analisam diferente, atuam diferente, vêem diferentemente. Tal fato exigirá um esforço redobrado de ambos, especialmente se um (no caso o supervisionado) tiver um espírito crítico desenvolvido e o outro (no caso o supervisor) estiver acomodado e restrito à sua visão e às regras institucionais. Percebe-se que a estagiária está descobrindo as possibilidades e as formas de lidar com as diferentes leituras da realidade, os limites do supervisor e do espaço da Supervisão, clarificando-se mais quando ela procura reforço com a outra supervisora do estágio da Prefeitura, e lá tem boa acolhida.

Ainda há que se ressaltar outro aspecto. Quando o alunoestagiário recebe somente ou predomina *feedback* negativo, sua aprendizagem torna-se complexa e penosa, podendo desencadear sentimentos de desinteresse, repulsa, indiferença, revolta, mágoa, entre outros, o que se depreende do desabafo de Morais: "...foram tantas coisas negativas; ela não apresentou nenhuma positiva! Nada! Eu fiquei muito chateada!"

Outros conteúdos aparecem no discurso da estagiária:

> "Então como eu vou fazer um relatório, que é a forma que ela vai conhecer o meu trabalho e colocar as coisas que eu discuto com a população que eu atendo? Estou atendendo muito brigas de casais, desde as questões sexuais até quem dá o dinheiro em casa. E tento discutir: qual é a posição da mulher? Qual é a posição do homem? Qual o meu papel? O que realmente quero da minha vida? Tento clarear um pouco isto! Eu sei que no meio disto tudo, eu questiono o sistema! Quando eles estão brigando e o cara está desempregado, você consegue entender uma série de coisas através disso. E tento levar até para uma questão política, a partir da realidade dele! Se eu coloco isso num relatório, ela vai conhecer o que eu estou fazendo, mas pode,

também, podar o que estou fazendo! Então, eu fico numa situação muito complicada e muito delicada, porque você tem sempre que estar sacando: 'Quem é seu supervisor? O que ele quer que você faça? Como você o atinge?' Eu acho que isto é também uma prática interessante... (...) Era uma situação angustiante, porque você pega ali a miséria da miséria; pessoas que são ex-presidiários, que têm problema de homossexualismo; são pessoas que já perderam o vínculo com a família, com a instituição, com a sociedade! Elas não têm moradia, não têm documento, não têm como se manter. Então, diante desses problemas, normalmente eu ficava perdida; por mais que eu quisesse relacionar isso com aquilo, com a sociedade que se vive, com os problemas que temos — era a pessoa ali na minha frente! O máximo que acontecia era chamar a supervisora, tinha uma crise de choro e, então, eu falava: 'Não agüento mais! Quero ir embora!' Ela dizia: 'Não, porque isso vai passar; com o tempo você se acostuma!' Realmente eu não considero isto Supervisão."

"No princípio eu questionava demais, tudo o que estava acontecendo na Instituição, na própria equipe; qual o papel do profissional; muitas vezes tem-se um discurso muito fácil, de organizar o pessoal, que você tem que participar, que você tem que ver enquanto cidadão. Mas até dentro do trabalho do profissional, ele não participa, não se via como cidadão; para mim, esta questão ficou muito complicada e eu trazia sempre à discussão junto à supervisora. Eu acho que nisso ela colocou uma coisa muito interessante, que eram os limites da pessoa. Às vezes você passa a exigir demais do outro e não consegue entendê-lo enquanto pessoa. Então, tem que ter uma concordância muito grande enquanto — 'eu sou aquilo que eu faço' — mas eu sou outras coisas também; não sou só o profissional. E essa relação foi me dada muito bem. Agora eu sinto falhas. Por exemplo, nesta Supervisão, eu sei que ao nível de instrumental eu não fui tão vigiada, não fui tão observada. Por exemplo, os meus relatórios — tinham alguns que ela avaliava e discutia: 'Olha! Aqui não está bem fundamentado! O que você quer dizer com isso?' Mas isto não foi muito forte; eu sinto que foi uma coisa mais ou menos fraca e que ela falhou, de certa forma. Então, mesmo agora, quando eu faço um relatório, respondo um processo — a gente trabalha muito com o processo — Seção de Área, Mérito Social de Entidades e eu fico um pouco indecisa: se está claro o que estou colocando, e são coisas que ela quase não lê; já passa direto."

Depreende-se da fala de Morais conteúdos, tais como a realidade e a problemática dos usuários, as relações familiares e sua dinâmica, os papéis que o homem e a mulher representam em suas relações, o papel profissional, a compreensão e o domínio do que se faz na prática profissional, as questões das contradições entre o discurso e a ação profissional, a dinâmica, a forma e o conteúdo de um relatório, o como proceder a Supervisão, a Instituição Campo de Estágio, o profissional enquanto cidadão, o homem enquanto ser-indivíduo e enquanto profissional, as limitações humanas, as expectativas de vida, a questão política, o contexto ídeo-sócio-econômico-cultural, as determinações do sistema nas relações sociais e cotidianas.

Desses variados conteúdos, algumas pontuações cabem ser feitas. O leque de situações trazidas pelos usuários é muito vasto e complexo e muitas vezes o aluno não está preparado para enfrentar a intervenção efetiva, principalmente em se tratando de estagiário novato. As determinações do contexto social mais amplo e o institucional permeiam a prática profissional, o que tende a que o supervisor e o supervisionado constantemente tenham um conhecimento teórico-metodológico e uma postura crítica e reflexiva, desencadeando na compreensão da situação em sua totalidade. Na fala de Morais nota-se sua tendência em buscar essa visão de globalidade, não se atendo apenas ao tecnicismo, mas questionando e refletindo sobre a sua ação, a sua pessoa, a da supervisora e os sentimentos de ambas, a do usuário e sua problemática, situando e relacionando tal conteúdo com o contexto-histórico. Em contrapartida, a aluna percebe uma certa acomodação e cristalização por parte da supervisora, o que se manifesta na reprodução de sua prática profissional junto à estagiária: "...isso vai passar; com o tempo você se acostuma!". E a aluna analisa, pondera, desvelando a posição conformista e aquietada da supervisora: "...foi uma coisa mais ou menos fraca e que ela falhou, de certa forma", "...são coisas que ela quase não lê; ela já passa direto." Outro ponto ainda relevante é o de, no processo da Supervisão, considerar-se a pessoa em sua globalidade: ela enquanto singularidade psicofísica e enquanto ser social e profissional. Neste sentido é importante levar em conta seu potencial mas, também, o seu limite: "...eram os limites da pessoa. Às vezes, você passa a exigir demais do outro e não consegue entendê-lo enquanto pessoa. Então, tem que ter uma concordância muito grande enquanto 'eu sou aquilo que eu faço, mas eu sou outras coisas também; não sou só profissional'".

Em outros momentos de sua entrevista, continua indicando material, objeto de análise para a Supervisão:

"E essa supervisora da DRESSO de Campo Limpo tem uma posição muito clara; eu acho que ela conseguiu estar passando para mim a questão do papel político! Como ele se dá dentro da Instituição? A importância de você ter clareza disso, para assumir uma posição clara dentro da Instituição! Sabe, ou eu tenho certeza de que eu quero optar por um trabalho junto à classe trabalhadora, junto à classe dominada, e aí eu vou direcionar minha ação para isso, ou não! Você tem que ter essa clareza! Porque você encontra profissional que fala assim: 'Não! Eu não me meto em política! Política eu não discuto; vamos discutir o caso'. Como se houvesse um corte: a ação dele, a prática dele e a questão do país e a questão das vidas das pessoas. Mas então uma forma de você fugir até da Instituição, é procurar caminhos fora, e nisso acho que a dica veio da supervisora que conseguiu apontar: 'Olha, não está dando aqui dentro e eu tenho conhecimento disto! Então vamos pensar juntas: O que dá para fazer fora da Instituição?' Isso eu coloquei na reunião; coloquei para a minha supervisora e ela aceitou assim com muita tranqüilidade. Só que, embora eu fizesse o trabalho junto com uma assistente social, nós duas tínhamos uma Supervisão semanal com a supervisora. Ela acompanhou todo o trabalho e era interessante que, em determinados pontos, a assistente social avançava mais que eu e eu retrocedia; em outros pontos eu avançava mais e ela retrocedia. E a supervisora fazia essa análise. Ela conseguia perceber e estar até colocando para mim e para ela. E a coisa não ficou só no trabalho! Ficou até na relação que você tem enquanto estagiária diante do técnico: a relação de ciúme, de raiva, até do saber. Você sabe que ele tem mais conhecimento e se ele não lhe aceitar você já passa a ter uma série de entraves que atrapalham o seu trabalho! Como você vai estar desenvolvendo e ali a gente tratou dessas coisas, também da relação de ciúme que existia entre mim e a assistente social que trabalhava comigo, e a dela em relação a mim. Em certos momentos ela se considerava assim incapacitada, porque ela achava que eu era nova, era jovem e que a teoria que ela tinha aprendido era ultrapassada. Então ela deixava de fazer coisas e se sentia mal. E eu acabava usando o espaço, porque o espaço estava aberto e eu ia em frente, nem percebia isso. Aí a supervisora me fez sentar e perguntou: 'O que está acontecendo? Por que você fez isso? Por que não? O que tem entre vocês? Vamos discutir isso! E aqui no nosso trabalho, como é que fica a questão do grupo? Como é que você entende isso?' Até a relação da equipe."

Um dos assuntos expressados neste depoimento é a questão política — como ela se configura no Serviço Social, na instituição e no assistente social? A prática profissional se concretiza nas relações sociais. Inerentes a estas relações está a forma de pensar e ver o homem e o mundo, portanto, defronta-se com uma ideologia. Esta é pautada em valores, interesses e é quem nos orienta para eleger e optar intencionalmente entre objetivos variados e estratégias de ação. Neste sentido, toda prática tem subjacente uma política. O que por vezes ainda acontece é confundir a posição política com a partidária. Além disso, a estagiária reforça novamente a questão da totalidade. Não dicotomizar a prática profissional, divorciando a ação da realidade concreta e global e percebê-la e analisá-la sob a visão de unidade e totalidade. Outro ponto é a questão institucional. Quando a instituição limita e estagna o trabalho social, o supervisor, junto com o supervisionado, em vez de se atrelarem aos ditames institucionais, buscam um caminho em conjunto, fora da instituição.

Aparecem ainda a reunião grupal, a relação equipe de trabalho. Quanto a esta última, Morais exemplifica sua relação estagiária com a da assistente social, com a qual atuou em conjunto e especifica as relações de "ciúme, de raiva, de saber, de limite, de competição", que podem ocorrer na relação profissional e que precisam ser trabalhadas na Supervisão, fato este que analiso no Capítulo II, do livro *Supervisão em Serviço Social — o supervisor, sua relação e seus papéis*.

Quanto à forma de proceder a Supervisão, por diversas vezes Morais indica carizes, ao discorrer sobre o conteúdo da Supervisão. Assim, extraio alguns excertos:

"...você *discute* toda a questão social, você *aprende a fazer uma análise* de conjuntura... (...) ...*estar discutindo* esse caso com a sua supervisora... (...) Quando eu cheguei a *discutir, conhecer o trabalho* dele nas entrelinhas, o *que foi discutido*... (...) No começo eu *questionava* mais e eu trazia sempre à *discussão, junto à supervisão*... (...) ela conseguiu *estar passando* para mim... (...) você não está *analisando*... (...) E aí eu me lembrei da *entrevista* e vi que eu tinha ficado quase uma hora com a pessoa... e eu queria *estar entendendo* isso. Aí eu *coloquei* para ela... (...) ...*uma forma* de fugir... é procurar caminhos... (...) Então vamos *pensar juntas*... (...) E a supervisora fazia essa *análise*. Ela conseguia *perce-*

ber e estar até *colocando*... (...) *Como* você *entende* isso? Olha, *vamos discutir* isso! Ela *acompanhou* todo o trabalho... (...) ...quase só me *olhando* e *tentando* depois *colocar* para mim que... (...) Eu queria *discutir*... de fazê-la *refletir* muitas coisas e a gente não *teve mais Supervisão*... (...) ...de poder *levar estas questões* para minha outra supervisora e aí *ela fez outra leitura*... (...) Tínhamos uma *Supervisão semanal* com a supervisora. Ela me deixou *um mês lendo o material* da instituição... *fiquei uma semana lendo o material, conhecendo* o que era de cada equipe, *conhecendo* o organograma da Instituição, para eu até me situar. (...) Aí ela passou a *ler meus relatórios;* acontece que eu não conseguia *escrever* normalmente os *meus relatórios,* porque eles usavam aquele *modelo Psico-Social-Diagnóstico*... pedi para fazer um *relatório* um pouco *mais livre* e ela não podia apresentar para a Direção um *relatório* que eu fazia, *sem estar estruturado*... (...) ...aprendi... até *como fazer* uma melhor *entrevista*... (...) Se eu *coloco* isso num *relatório*, ela vai conhecer o que estou fazendo... (...) Por exemplo, nesta *Supervisão,* eu sei que a nível de *instrumental*... não fui tão *observada*. (...) Por exemplo, os meus relatórios, tinham alguns que ela *avaliava e discutia*... (...) ...isso eu *coloquei na reunião*... (...) Aí na *primeira Supervisão,* ela pegou meu *relatório e leu*, depois *falou* assim... (...) ...na *segunda Supervisão,* na hora que ela sentou... eu *falei*... (...) Olha, sua *Supervisão hoje pode estar montada,* só que eu quero *discutir relatório*!"

Ainda em outros momentos de seu discurso, Morais se refere ao aspecto metodológico da Supervisão em Serviço Social:

"Ela falou: 'Bom, como você está numa fase de experiência, você pode estar fazendo'. E, aí, nós combinamos uma reunião por semana, para estar discutindo. Eu pedi para ela para fazer uma reunião grupal, porque éramos quatro estagiárias, agora três. Então que a gente tivesse um espaço para estar discutindo entre as estagiárias, e uma reunião mensal com ela: o grupo e a supervisora. Ela ficou um pouco contrariada com a colocação, mas falou: 'Bom, se vocês querem realmente, se acham que é importante, a gente pode até tentar'."

"É também essa pessoa, o supervisor, que vai conseguir fazer com que o estagiário entre na Instituição de forma bem-vinda; que tenha um plano para apresentar para ele; consiga apresentar e acompanhar as várias etapas da formação dele. Sabe, assim: 'Você está indo bem nisso! Você está falhando nisso! Você atingiu até aqui!' E num dado momento em que você vira e fala assim: 'Olha, eu acho que você está bem!' Eu me sinto assim, agora, em final de estágio; pelo menos com esta supervisora que considero uma pessoa mais adequada a dar Supervisão, sabe, de você sentar e falar... (...) Ainda com relação a essa questão de estágio e a Supervisão — eu vejo que o estagiário é colocado na Instituição e que não existe um plano real, um plano sério para o estagiário. As coisas são muito desvinculadas! Às vezes, por exemplo, têm cinco equipes: um estagiário em cada equipe e cada um está fazendo uma coisa diferente; estão tendo uma visão diferente da Instituição e não tem troca; não tem como você estar discutindo isso! É muito departamentalizado — como a sociedade da gente que é toda cheia de cortes!"

"E lá eu não tive nenhuma Supervisão. Me colocaram, me deram um grupo e falaram: 'Atenda! As normas da Instituição são essas!' E não tinha como discutir! Depois de alguns meses — dois a três meses a gente começou a fazer reuniões de estagiários para discutir a situação que estava lá dentro. E convidamos a supervisora para dar Supervisão. Aconteceu que ela colocou que não tinha condições, por uma questão de tempo e até por uma formação não adequada. Não teria condição de dar Supervisão. A diretoria do DAIS também não assumiu a Supervisão. (...) Nessa reunião,. eu coloquei que, se eles não tinham condições de fazer Supervisão, terminassem com os estagiários. Não só eu, mas que tirassem os outros! E as duas estagiárias que estavam na minha Seção passaram para outra Seção — Seção de Família que, por sinal, fiquei sabendo, que teve uma Supervisão muito boa."

"Você não sabe se o seu trabalho é profissional ou não! Se você é uma estagiária, que não está agindo profissionalmente, obedecendo certas normas, certos critérios, até fazendo uma análise, atendendo a pessoas, ouvindo o outro mas... No caso uma entrevista mais direcionada, menos direcionada. Como é que eu vou agir? Será que o método que estou utilizando está correto? Será que não está correto? E estes dados eu cobro da Supervisão. Esse relatório — até a questão do relatório — ele está cumprindo seu objetivo? Ele está passando para o outro aquilo que eu quero passar? E outra coisa que eu acho seriíssima é que, nem sempre você pode estar passando, você pode estar documentando o que você acredita como trabalho sério. Então, às vezes, eu fazia um trabalho que eu considero sério dentro do DAIS e que até questionava a Instituição, só que não podia documentar isto. Porque, se eu documentasse, claro que eu seria mandada embora. Então o supervisor não conhece o trabalho que você faz lá dentro. Se ele não conhecer você muito bem enquanto pessoa, ele não vai conseguir perceber o seu trabalho. O máximo que ele vai fazer é ler o seu relatório e dizer... (...) 'Olha, acho que a gente podia tentar um trabalho com esse pessoal! Estar organizando... — eles têm lutas concretas; estão aí!' E ela achou muito interessante! A gente discutiu sobre a coisa mais umas três vezes; ela me passou alguns telefonemas. Ela sempre faz isso; eu discuto e ela me passa informações e eu tenho que ir atrás: 'Olha, tem convênio não sei onde, está aqui o telefone, vai lá e conhece e traz para a gente! E aí vamos tentar aproveitar isso!' Ela me passou alguns telefones, nomes do pessoal da coxas, da assistente social, da Secretaria dos Negócios Extraordinários, também de uma assistente social para fazer contato e sentarmos juntos e pensarmos juntos um projeto para essa população. E até um trabalho, já que a gente, enquanto Prefeitura, não pode estar assumindo, porque senão vai ser demitida, porque não está no programa."

Toda entrevista de Morais está permeada de conteúdo metodológico, o que ocorre pela sua forma clara de se comunicar processualmente. Ela destaca a importância de planejar o Estágio e as reuniões de Supervisão individual e grupal. Expressa que o Plano propicia ao supervisor acompanhar o aluno nas várias etapas de sua formação profissional.

Percebe a relevância de individualizar o aluno no seu processo ensino-aprendizagem, mas também a importância de estar socializando esse processo através da reunião de grupo entre estagiárias e as reuniões de grupo entre elas e a supervisora. Valoriza muito o "espaço de discussão da prática" e não concebe um estágio onde não haja um plano "real" "sério" para o estagiário, onde não haja troca de experiências. Neste sentido, sua participação e iniciativa no processo da Supervisão é acentuada e cobra a concretização do planejamento: "Eu pedi para a supervisora para fazer uma reunião... entre as estagiárias... e uma reunião mensal com ela. E convidamos a supervisora para dar Supervisão".

Morais é bastante questionadora, o que culmina em mudanças no processo do Estágio e da Supervisão.

Os recursos para a operacionalização da Supervisão aparecem por diversas vezes. Morais fala em Modelo Psicodiagnóstico, em instrumentos (entrevista, reunião individual de Supervisão e reunião grupar de Supervisão), reporta-se à documentação da prática (relatório livre e estruturado). Repetidamente aborda sobre técnicas como a discussão, a análise, o debate, o diálogo, a clarificação, o questionamento, a reflexão, a observação, a informação, o colóquio, a experiência, o esclarecimento, a leitura, e a avaliação.

5. Algumas considerações finais

Inúmeros pontos foram destacados pelas professoras, supervisoras e alunas estagiárias, relacionados ao conteúdo e à operacionalização da Supervisão. Portanto, algumas observações finais são relevantes.

Açambarcando os diferentes depoimentos das entrevistadas sobre a *matéria-prima da Supervisão*, fica evidente que o *substrato, objeto da Supervisão de Estágio em Serviço Social, é o exercício profissional* (tanto do assistente social, como do aluno estagiário) *e todo cariz que a ele se relaciona*, situado no contexto sócio-histórico-institucional. Este exercício profissional deve ter o caráter de praxis, assumindo uma postura crítica e tendo como horizonte o movimento no sentido da transformação das relações sociais.

Este *conteúdo/supervisionado*, portanto, pode ser sobre: o *estágio* — no que consiste, seu campo de atuação, sua limitação, a introdução do aluno no estágio; *a realidade institucional* — seu conhecimento (visão histórica), a estrutura organizacional, as diretrizes políticas, os objetivos, programas, os recursos, as normas, as relações e alianças, o poder institucional e hierarquizado, a categoria trabalhadora, a população usuária; *a realidade acadêmica* — o ser estudante-estagiário, o conteúdo programático do Curso de Serviço Social, as aulas, o professor, as relações entre professor e aluno, a relação entre os alunos, a estrutura organizacional, a burocracia do sistema escolar superior, o processo pedagógico do ensino, a grade horária curricular, os limites acadêmico-institucionais, o poder da Faculdade; *o Serviço Social* — o que é, teorias que lhe dão suporte, seus objetivos, o perfil dos usuários e suas situações, os profissionais assistentes sociais, a identidade profissional, os diversos órgãos da Profissão, a relação do Serviço Social com o contexto mais amplo; *o exercício profissional* — a relação assistente social-usuário, a questão da teoria e da prática, os procedimentos metodológicos (instrumentos, técnicas, abordagens individual, grupal e comunitária), as referências teóricas do agir profissional, as atitudes e habilidades profissionais, as problemáticas e demandas dos usuários, os instrumentos pedagógicos da ação profissional, o registro do agir profissional, o uso da documentação da prática, o papel profissional, o relacionamento profissional; *o ser profissional* — o ser pessoa-indivíduo, o ser social, o ser supervisor, o ser supervisionado, o ser estagiário, o ser cidadão, os limites e potenciais do supervisor e supervisionado, os direitos e deveres dos mesmos, as expectativas de vida pessoal e profissional, o conhecimento próprio, atitudes e habilidades dos agentes envolvidos na Supervisão, seus sentimentos, suas relações; *o contexto* — a conjuntura atual, o sistema capitalista, o contexto ídeo-sócio-econômico-político-cultural do país e do mundo, as determinações do sistema nas relações sociais e cotidianas profissionais etc.

Percebe-se que existe um leque de conteúdo muito vasto e complexo, mas dinamicamente inter-relacionado, de natureza pessoal, pedagógica, educacional, profissional, contextual, enfim conteúdos relacionados à formação profissional do aluno estagiário e ao cotidiano de seu estágio supervisionado.

O relato sobre os conteúdos revela uma prática de Supervisão por vezes realmente exercida, consciente, compromissada, planejada e refletida e, por outras vezes, lacunas e até total ausência da ação supervisora e, conseqüentemente, da ação planejada, havendo o descomprometimento total do supervisor no processo ensino-aprendizagem do aluno estagiário.

Nesta perspectiva, a Supervisão de Estágio se opera e se desenvolve em diferentes formas, intensidades, nuanças, tanto no nível pessoal, técnico-administrativo, quanto teórico-prático.

O conteúdo da Supervisão deve estar referendado na realidade do cotidiano da prática profissional, tanto do aluno estagiário quanto do supervisor. Conteúdo esse que deve ser fruto da reflexão de ambos, do compartilhar em conjunto, como parte de uma realidade em processo, em movimento e em transformação. Daí a necessidade de o conteúdo da supervisão ser conhecido, vivenciado, refletido, questionado, discutido, debatido, avaliado, sistematizado etc., para que supervisor e supervisionado cheguem à maturação tanto pessoal quanto profissional (socializa-se o conhecimento teórico-prático, as vivências, as dúvidas, as habilidades e a construção do papel profissional).

Portanto, esse conteúdo deve ser *planejado*, o que quer dizer, deve ser selecionado em função da realidade concreta do estagiário e do seu estágio. Abdica-se, portanto, do tudo, do disperso e prioriza-se o *essencial*, o que indica a possibilidade de efetuá-lo de modo eficaz e de sistematizá-lo, posteriormente.

A Supervisão de Estágio deve valer-se desse *planejamento* como um processo dinâmico, contínuo e sistemático (com periodicidade, tempo e horário demarcados) que, através de medidas programadas, fixação de prazos, competências e recursos, assegure o máximo de eficiência e racionalidade, perseguindo metas que levem a mudanças orientadas no processo ensino-aprendizagem, tendo como objetivo último a formação profissional.

A *forma de operar o Estágio e a sua Supervisão* muitas vezes embate com desníveis, conflitos, entraves, contradições, discrepâncias, dificuldades em relação ao planejado e à execução do projeto curricular do Curso de Serviço Social, por diversas razões. Razões e situações que corroboram para o desnivelamento entre a teoria e a prática do Serviço Social, entre o planejado e o executado, tanto na Unidade de Ensino, quanto na Unidade Campo de Estágio. A Supervisão de Estágio qualitativa se direciona para o não-divórcio entre a ação real-concreta e global do Serviço Social e o ensino, entre a teoria e a prática, entre o abstrato e o concreto, entre o discurso e a ação prática — procurando percebê-la e analisá-la sob a visão de unidade e totalidade no e do Serviço Social.

Entretanto, o planejamento deve ser flexível, tencionando atender à demanda da realidade do processo da Supervisão, situada no cotidiano do agir profissional e na contextualidade sócio-histórica.

O *como fazer a Supervisão* deve ser um processo em conjunto do supervisor e supervisionado, tendendo a ser gradativo e acumulativo em termos de ação prática e de aprendizagem.

Os meios, as formas escolhidas para processar a Supervisão de Estágio são determinadas a partir do caráter real da matéria-prima da Supervisão e de seus objetivos, situados historicamente. As professoras, as supervisoras e as alunas apontam algumas *estratégias* em seus depoimentos. Indicam como recursos para operar a Supervisão a discussão, o questionamento, a reflexão, o debate, o diálogo, a troca de experiências, a demonstração, a exposição, a análise, a clarificação, a informação, o esclarecimento, a leitura, o conhecimento, o acompanhamento, a tentativa de ensaio e erro, a exposição de casos, a síntese e as técnicas psicodramáticas entre outros.

Apresentam, como *instrumentos* da ação supervisora, o plano dé estágio, o programa de estágio, a entrevista, a supervisão individual, a supervisão grupal, a reunião de supervisão, os relatórios (tipos, formas e sua estruturação), o diário de campo, a reunião de grupo (entre estagiários e supervisor, entre estagiário e equipe técnica).

Utilizando de forma adequada os instrumentos e as técnicas, a vivência da Supervisão culminará em expressiva energia que direciona essa mesma Supervisão a ultrapassagens e superações das rupturas e do obsoleto e que impulsiona o supervisor e o estagiário a encontrarem novos caminhos de supervisionar o fazer profissional.

É preciso estarmos atentos ao movimento teórico-prático do Serviço Social e na sua trajetória. E, paralelamente, no processo da Supervisão, ir-se pinçando os conceitos, os conteúdos significativos a serem praticados, analisados e refletidos. A consciência tem que permanecer ativa ao longo do processo, de modo que consiga contemplar todas as modalidades de sua ação. A atividade prática implica a modificação do ideal em face das exigências do próprio real (matéria-prima, atos, objetivos, estratégias, meios, produtos), pois o que caracteriza essa prática é o caráter real, objetivo, da matéria-prima sobre a qual atua, dos meios e instrumentos com que se exerce a ação, e de seu resultado ou produto.

Portanto, entre a teoria e a atividade prática se insere um trabalho de educação da consciência, de organização dos meios materiais e planos concretos de ação, tudo isso como passagem indispensável para desenvolver ações reais, e efetivas. A realização requer um conhecimento de seu objetivo, dos meios e instrumentos para transformá-lo e das condições que abrem ou fecham as possibilidades dessa realização.

Fica evidenciado que, na medida em que os objetivos do estágio estão claros, delimitados e não se limitam ao exercício da prática do exercício em si, mas à formação profissional — inter-relacionando-se objetivos da Universidade, do Curso de Serviço Social, do Serviço Social da Instituição Campo de Estágio, do Estágio Supervisionado do aluno —, intenta-se garantir informações, conhecimentos, experiências e habilidades necessárias ao desenvolvimento do estágio, em seu sentido de totalidade.

E, sintetizando, a *matéria-prima da supervisão de estágio*, objeto de reflexão e de sistematização, é o agir profissional que se configura sob diversas temáticas a partir do que é delimitado e selecionado no Plano de Estágio e a partir do emergencial que o cotidiano profissional demanda. Neste sentido, a seleção e o planejamento do *concreto-fazer-profissional* é imprescindível na Supervisão, determinando a sua qualidade. Qualidade assegurada quando a ação profissional realmente manifesta uma intencionalidade, uma programação, uma discussão, uma reflexão, uma avaliação, uma sistematização. Portanto, o *que* se trabalha na Supervisão de Estágio e o *como* não podem ser dissociados entre si, entre o conteúdo programático do Curso de Serviço Social e entre o contexto sócio-histórico.

Bibliografia

Livros e artigos

AGUIAR, Márcia A. *Supervisão Escolar e Política Educacional*. São Paulo: Cortez/Secretaria de Educação, Cultura e Esportes do Estado de Pernambuco, 1991.

ALMEIDA, M. Fátima de. *Uma Sistematização de Supervisão de Programa a Nível Institucional*. São Paulo. Dissertação de mestrado — PUC/SP, Pontifícia Universidade Católica de São Paulo, 1976.

ALVES, Nilda et al. *Educação e Supervisão: O Trabalho Coletivo na Escola*. 4. ed. São Paulo: Cortez, 1988.

ANDER-EGG, Ezequiel. *Reconceptualización del Servicio Social*. Buenos Aires: Humanitas, 1971.

ARAÚJO, Arcelina R. "Conferência de Supervisão em Grupo". In: *Debates Sociais*. Rio de Janeiro, CBCISS, ano VI, n. 11, 1970.

ASSOCIAÇÃO BRASILEIRA DE ENSINO DE SERVIÇO SOCIAL. "A Metodologia no Serviço Social". In: *Cadernos ABESS*, São Paulo, Cortez, n. 3, mar. 1989.

_____. "Ensino em Serviço Social: Pluralismo e Formação Profissional". In: *Cadernos ABESS*. São Paulo, Cortez, n. 4, maio 1991.

AUSTIN, Lucille. "An Evaluation of Supervision". In: *Social Casework*. New York, v. 37, n. 8, 1956.

_____. "Case Conference". In: *Social Casework*. New York, v. 3, n. 8, 1957.

BADIN, L. *Análise de Conteúdo*. Lisboa: Edições 70, 1977.

BAPTISTA, M. Veras. "O Estruturalismo Genético de Lucien Goldmann e o Estudo da Prática do Serviço Social". In: *Serviço Social & Sociedade*. São Paulo, Cortez, ano VII, n. 21, ago. 1986.

BERGER, Peter L. & LUCKMANN, Thomas. *A Construção Social da Realidade*. 4. ed. Trad. Floriano de Souza Fernandes. Petrópolis: Vozes, 1978.

BERL, Fred. *Uma Tentativa para Conceituar Supervisão*. Escola de Serviço Social — PUC/RS. Porto Alegre, 1961.

BOSI, Ecléia. *Memória e Sociedade*. São Paulo: T. A. Queiroz, 1979.

BRANDÃO, C. Rodrigues. "A Prática Social e a Prática Profissional". In: *A Prática na Formação Profissional*. ABESS — Região Sul II, São Paulo, 1981.

BRUGINSKI, Zenilda B. "Proposta Metodológica para a Supervisão em Serviço Social de Comunidade". In: *Serviço Social & Sociedade*, São Paulo, Cortez, ano V, n. 15, ago. 1984.

BURIOLLA, Marta A. F. *Supervisão em Serviço Social — O Supervisor, sua Relação e seu Papel*. São Paulo: Cortez, 1994.

_____ & VICINI, Yara S. *Levantamento da Problemática Referente ao Estágio de Alunos de Serviço Social nas Instituições — CRAS — 9ª Região*. Comissão de Supervisão de Estágio do CRAS — 9ª Região. São Paulo, 1981.

CANDAU, Vera M. & LELLIS, I. A. *Rumo a Uma Nova Didática*. 2. ed. Petrópolis: Vozes, 1989.

CARVALHO, Alba M. P. *A Questão da Transformação e o Trabalho Social*. São Paulo: Cortez, 1986.

_____. "O Projeto de Formação Profissional do Assistente Social na Conjuntura Brasileira". In: *Cadernos ABESS*, São Paulo, Cortez, n. 1, 1986.

CATANI, D. Bárbara et al. *Universidade, Escola e Formação de Professores*. São Paulo: Brasiliense, 1986.

CENTRO BRASILEIRO DE COOPERAÇÃO E INTERCÂMBIO DE SERVIÇOS SOCIAIS — CBCISS. Documento de Teresópolis — *Metodologia do Serviço Social*. Debates Sociais. Rio de Janeiro, CBCISS, suplemento n. 4, nov. 1970.

_____. *Teorização do Serviço Social*. Rio de Janeiro: Agir, 1986.

_____. *Documento Síntese de Milford — Contribuição das Ciências Sociais à Formação Para o Serviço Social*. Rio de Janeiro, CBCISS, ano I, n. 2, 1949.

CHIZZOTTI, Antônio. *Pesquisa em Ciências Humanas e Sociais*. São Paulo: Cortez, 1991.

CONSELHO REGIONAL DE ASSISTENTES SOCIAIS DE SÃO PAULO — CRASS/SP. *Considerações sobre a Proposta de Normatização do Exercício da Supervisão e Credenciamento de Instituições Campos de Estágio*. Comissão de Supervisão e Estágio — CRAS/SP — 9ª Região. São Paulo, jun. 1983.

CONSELHO REGIONAL DE SERVIÇO SOCIAL DE SÃO PAULO — CRESS/SP. *Legislação e Regulamentação do Serviço Social*. Biblioteca CRESS/SP — 3ª Região, São Paulo, s/d.

CORRIGAN, P. & LEONARD, P. *A Prática do Serviço Social no Capitalismo. Uma Abordagem Marxista.* Rio de Janeiro: Zahar, 1983.

COSTA, Beatriz. "Para Analisar Uma Prática de Educação Popular". In: *Cadernos de Educação Popular.* Petrópolis: Vozes, n. 1, 1982.

CURY, Carlos R. J. *Educação e Contradição.* São Paulo: Cortez, 1985.

_____. *Ideologia e Educação Brasileira.* 2. ed. São Paulo: Cortez, 1984.

DANTAS, J. Lucena. "A Teoria Metodológica do Serviço Social. Uma Abordagem Sistêmica". In: *Debates Sociais.* Rio de Janeiro, CBCISS, suplemento n. 4, nov. 1970.

EUROPEAN ASSOCIATION FOR RESEARCH AND DEVELOPMENT — *Eardhe. Higher Education by the Year 2000.* Congress preparatory papers. Frankfurt, v. IV, 1984.

FACULDADE DE SERVIÇO SOCIAL — *Determinações Institucionais na Formação Profissional.* Faculdade de Serviço Social — PUC/SP. São Paulo, s/d. Mimeografado.

FALEIROS, V. P. *Saber Profissional e Poder Institucional.* São Paulo: Cortez, 1985.

_____. "Confrontos Teóricos do Movimento de Reconceituação do Serviço Social na América Latina". In: *Serviço Social & Sociedade.* São Paulo, ano VIII, n. 24, ago. 1987.

FAUSTINI, Loyde et al. *Supervisão Pedagógica em Ação.* São Paulo, Secretaria da Educação de São Paulo — CENP, 1981.

FÁVERO, M. Lourdes (org.) et al. *A Universidade em Questão.* São Paulo: Cortez, 1989.

FORACCHI, Marialice M. *O Estudante e a Transformação da Sociedade Brasileira.* São Paulo: Nacional, 1965.

FOUCAULT, Michel. *Microfísica do Poder.* São Paulo: Brasiliense, 1982.

FREIRE, Paulo. *Educação e Mudança.* Rio de Janeiro: Paz e Terra, 1979.

_____. *Educação como Prática da Liberdade.* 7. ed. Rio de Janeiro: Paz e Terra, 1977.

_____. *Pedagogia do Oprimido.* Rio de Janeiro: Paz e Terra, 1975.

FREITAG, Bárbara. *Escola, Estado e Sociedade.* 6. ed. São Paulo: Moraes, 1986.

GADOTTI, Moacir. *Concepção Dialética da Educação.* 3. ed. São Paulo: Cortez, 1984.

GAERTNER, Adrian. *Supervision.* Kassel: Gesamthochschule Bibliothek Kassel, 1979.

GARCIA, G. "Relação Pedagógica como Vínculo Libertador". In: *Introdução à Psicologia Escolar.* São Paulo: Queiroz Editora, 1981.

GOLDMANN, Lucien. *A Criação Cultural na Sociedade Moderna*. Trad. Rolando Roque da Silva. São Paulo: Difel, 1972.

_____. *Dialética e Cultura*. 2. ed. Trad. Luiz Fernando Cardoso. Rio de Janeiro: Paz e Terra, 1979.

_____. *Epistemologia e Filosofia Política*. Lisboa: Presença, 1984.

_____. "Estructura: Realidad Humana y Concepto Metodológico". In: *Los Lenguajes Críticos y las Ciencias del Hombre — Controversia Estructuralista*. Trad. José Manuel Llorca, Barcelona: Barral Editores, 1972.

_____. *Dialética e Ciências Humanas*. Trad. João Arsênio Nunes. Lisboa: Presença, 1972.

_____. *A Sociologia do Romance*. 2. ed. Trad. Álvaro Cabral. Rio de Janeiro: Paz e Terra, 1976.

GRÁCIO, Sérgio et al. *Sociologia da Educação 1 — Funções da Escola e Reprodução Social*. Lisboa: Livros Horizonte, 1982.

GRZEIDAK, L. M. Moura. *A Dinâmica do Agir Profissional*. Dissertação de mestrado — PUC/SP. São Paulo: Pontifícia Universidade Católica de São Paulo, 1987.

GUSDORF, Georges. *Professores Para Quê?* 2. ed. Lisboa: Moraes Editores, 1970.

HABERMAS, J. *Para a Reconstrução do Materialismo Histórico*. São Paulo: Brasiliense, 1983.

HERRMANN, Leda A. F. *Conferência de Supervisão em Serviço Social no Curso de Graduação em Serviço Social: Subsídios para seu Conteúdo Programático*. Dissertação de Mestrado — PUC/SP. São Paulo, Pontifícia Universidade Católica de São Paulo, 1977.

IAMAMOTO, M.; CARVALHO, R. *Relações Sociais e Serviço Social no Brasil*. São Paulo, Cortez/CELATS, 1983.

JUNQUEIRA, H. I. "Quase Duas Décadas de Reconceituação do Serviço Social: Uma Abordagem Crítica". In: *Serviço Social & Sociedade*. São Paulo, Cortez, ano II, n. 4, dez. 1980.

KAMEYANA, Nobuco. "A Prática Profissional do Serviço Social". In: *Serviço Social & Sociedade*. São Paulo, Cortez, ano III, n. 6, set. 1981.

KFOURI, Nadir G. *Supervisão de Serviço Social de Casos — Diretrizes para o seu Processamento das Distintas Séries Escolares*. Escola de Serviço Social de São Paulo. São Paulo, nov. 1964.

_____. *Supervisão em Serviço Social de Casos*. 3. ed. São Paulo: Escola de Serviço Social de São Paulo, 1967.

KISNERMANN, Natálio. *Temas de Serviço Social*. São Paulo: Cortez & Moraes, 1976.

_____. *Sete Estudos sobre Serviço Social*. Petrópolis: Vozes, 1979.

KOSIK, Karel. *Dialética do Concreto*. Rio de Janeiro: Paz e Terra, 1969.

KRUSE, Herrmann. *Introducción a la Teoría Científica del Servicio Social*. Buenos Aires: ECRO, série ISI/1, 1972.

KUTSCH, Gerard. "Quantidade, Qualidade e Planejamento Universitário". In: *Educação Brasileira*. São Paulo, Cortez, ano VIII, n. 7, 1981.

LIMA, Boris A. *Contribuição à Metodologia do Serviço Social*. 3. ed. Trad. Yone Grossi, Belo Horizonte: Interlivros, 1978.

LIMA, Leila. "Marchas e Contramarchas dei Trabajo Social: Repensando Ia Reconceptualización". In: *Acción Crítica*. Lima, CELATS/ALAETS, n. 6, dez. 1979.

LUCKESI, Cipriano et al. *Fazer Universidade: Uma Proposta Metodológica*. 2. ed. São Paulo: Cortez, 1985.

LUKÁCS, George. *Ontologia do Ser Social. Os Princípios Ontológicos de Marx*. São Paulo: Ciências Humanas, 1979.

MARQUEZ, M. A. "Necessidade de Supervisão". In: *Textos de Supervisão Diversos*. São Paulo, PUC/SP, s/d. Mimeografado.

MARX, Karl H. *Teses sobre Feuerbach*. Trad. Waltensir Dutra, Rio de Janeiro: Zahar, 1965.

"Introdução à Crítica da Economia Política." In: *Os Pensadores*. Trad. José Arthur Gianotti. São Paulo: Abril Cultural, 1974.

_____. "Manuscritos Econômicos-Filosóficos". In: *Os Pensadores*. Trad. José Carlos Bruni. São Paulo: Abril Cultural, 1974.

_____. *Crítica da Educação e do Ensino*. Lisboa: Moraes, 1978.

_____. *Para a Crítica da Economia Política e Outros Escritos*. São Paulo: Abril Cultural, 1982.

MARX, Karl H. e ENGELS, F. *A Ideologia Alemã*. 1ª parte. Trad. Waltensir Dutra. Rio de Janeiro: Zahar, 1965.

MEDEIROS, L. e ROSA, S. *Supervisão Educacional: Possibilidades e Limites*. São Paulo: Cortez, 1985.

MORENO, Jacob L. *Psicodrama*. Trad. Álvaro Cabral. São Paulo: Cultrix, 1975.

MULLER, Irving. "Características Específicas de Supervisão em Serviço Social de Grupo". In: *Debates Sociais*. Rio de Janeiro, CBCISS, ano VI, n. 68, 1973.

NETTO, José Paulo. "A Crítica Conservadora à Reconceptualização". In: *Serviço Social & Sociedade*. São Paulo, Cortez, ano II, n. 5, mar. 1981.

_____. *Ditadura e Serviço Social: Uma Análise do Serviço Social no Brasil Pós-64*. São Paulo: Cortez, 1991.

_____. "Notas para Discussão da Sistematização da Prática e Teoria em Serviço Social". In: *Cadernos Abess — Metodologia no Serviço Social*. São Paulo, Cortez/ABESS, n. 3, mar. 1989.

NOGARE, Pedro D. *Humanismos e Anti-Humanismos.* 10. ed. Petrópolis: Vozes, 1985.

NOGUEIRA, M. Alice. *Educação, Saber, Produção em Marx e Engels.* São Paulo: Cortez, 1990.

OLIVA, M. H. B. "A Formação Profissional — Questões Metodológicas e Experiências de Estágio". In: *Serviço Social & Sociedade.* São Pauto, Cortez, ano X, n. 29, abr. 1989.

OLIVEIRA, Zilma M. R. de. *Educação da Espontaneidade: Uma Perspectiva na Formação de Professores.* Dissertação de mestrado. PUC/SP, São Paulo, 1978.

PAIVA, Vanilda et al. *Educação Permanente & Capitalismo Tardio.* São Paulo: Cortez, 1985.

PARODI, Jorge. "El significado del Trabajo Social en el Capitalismo y la Reconceptualización". In: *Acción Crítica.* Lima, CELATS/ALAETS, n. 4, 1978.

PETTES, Doroty E. "Supervisão em Serviço Social — Um Método de Treinamento de Estudantes e Desenvolvimento de Profissionais". In: *Debates Sociais.* Rio de Janeiro, CBCISS, ano VI, n. 68, 1973.

PICONEZ, Stella B. (coord.) et al. *A Prática de Ensino e o Estágio Supervisionado.* Campinas: Papirus, 1991.

PINTO, Denise T. *As Atribuições do Serviço Social Mediante a Prática de Estágio.* Trabalho de Conclusão de Curso — Faculdade de Serviço Social da PUC/SP. São Paulo, 1980.

PRESTES, N. Alves. *Supervisão Pedagógica.* São Paulo: Cortez & Moraes, 1976.

REZENDE, A. Muniz de. *Concepção Fenomenológica da Educação.* São Paulo: Cortez, 1990.

RICO, E. M. "Considerações sobre a Proposta de Normatização do Exercício da Supervisão e Credenciamento de Instituições — Campos de Estágio". In: *Serviço Social & Sociedade.* São Paulo, Cortez, ano V, n. 15, ago. 1984.

ROBINSON, Virgínia. *The Dynamics of Supervision Under Functional Controls a Process in Social Case Work.* Philadelphia: University of Pensylvania Press, 1949.

RODRIGUES, M. Lúcia. "Metodologia de Ação: O Estar em Questão do Serviço Social". In: *Serviço Social & Sociedade.* São Paulo, Cortez, ano VII, n. 21, ago. 1986.

SANTOS, Leila Lima. *Textos de Serviço Social.* 3. ed., São Paulo: Cortez, 1985.

SAVIANI, Dermeval. *Educação: do Senso Comum à Consciência Filosófica.* São Paulo: Cortez, 1987.

SCHAFF, Adam. *O Marxismo e o Indivíduo*. Rio de Janeiro: Civilização Brasileira, 1967.

SERGIOVANNI, T. J. e STARRATT, R. *Supervisão: Perspectivas Humanas*. Trad. Loyde Faustini. São Paulo: EPU, 1986.

SÈVE, Lucien. *Marxismo e a Teoria da Personalidade*. Lisboa: Livros Horizontes, v. I e II, 1979.

SHERIFF, Teresa et al. *Supervisión en Trabajo Social*. Buenos Aires: Editorial ECRO, série ISI/2, 1973.

SILVA, ADEMIR A. da. "A Questão dos Estágios e o Mercado de Trabalho". In: *Serviço Social & Sociedade*. São Paulo, Cortez, ano VIII, n. 24, ago. 1987.

SILVA, ADEMIR A. da. et al. "Relatório Final da Pesquisa: Análise da Prática Profissional nas Instituições Campos de Estágio — PUC/SP". In: *Cadernos PUC/SP*. Serviço Social. São Paulo, EDUC/Cortez, n. 10, nov. de 1980.

_____. SILVA, Maria O. da. *Formação Profissional do Assistente Social*. São Paulo: Cortez, 1984.

SILVA JUNIOR, Celestino A. *Supervisão em Educação: do Autoritarismo Ingênuo à Vontade Coletiva*. São Paulo: Loyola, 1984.

SILVA, Naura S. F. C. de. *Supervisão Educacional*. Petrópolis: Vozes, 1981.

SILVEIRA, Nádia D. R. *Universidade Brasileira — A Intenção da Extensão*. São Paulo: Loyola, 1987.

SOUZA, Maria L. *Questões Teórico-Práticas do Serviço Social*. São Paulo: Cortez, 1985.

TOLEDO, Laisa R. M. C. *Estudo do Plano Prático de Serviço Social da Faculdade de Serviço Social — PUC/SP em Confronto aos Objetivos Educacionais*. Dissertação de mestrado — PUC/SP. São Paulo, PUC/SP, 1978.

_____. "Considerações sobre a Supervisão em Serviço Social". In: *Serviço Social & Sociedade*. São Paulo, Cortez, ano V, n. 15, ago. 1984.

VÁSQUEZ, Adolfo S. *Filosofia da Praxis*. Rio de Janeiro: Paz e Terra, 1978.

VIEIRA, B. Ottoni. *Aperfeiçoamento de Assistentes Sociais para a Supervisão*. II Congresso Panamericano de Serviço Social. Rio de Janeiro, CBCISS, 1961.

_____. *Serviço Social, Processo e Técnica*. Rio de Janeiro: Agir, 1969.

_____. *Relatórios para Supervisão*. Rio de Janeiro, Instituto Social — PUC/RJ, n. 16, 1970.

_____. *Exigências da Formação Profissional*. Rio de Janeiro, Instituto Social — PUC/RJ, n. 18, 1970.

_____. *Supervisão em Grupo*. Rio de Janeiro, Instituto Social — PUC/RJ, n. 20, 1970.

VIEIRA, B. Ottoni. *Supervisão em Serviço Social*. Rio de Janeiro: Agir, 1973.

_____. *Modelos de Supervisão em Serviço Social*. Rio de Janeiro, Agir, 1981.

WANDERLEY, L. E. *Educar para Transformar*. Petrópolis: Vozes, 1984.

_____. *O que é Universidade?* São Paulo: Brasiliense, 1983.

WILLIAMSON, Margareth. *Supervision — New Patterns and Processes*. New York: FSSA Press, 1961.

YAZBEK, M. C. et al. "Projeto de Revisão Curricular da Faculdade de Serviço Social — PUC/SP". In: *Serviço Social & Sociedade*. São Paulo, Cortez, ano V, n. 14, abr. 1984.

Documentos e legislação consultados

BRASIL. MINISTÉRIO DA EDUCAÇÃO E CULTURA. *Conselho Federal da Educação. Resolução n. 242/70*, de 13 de março de 1970; fixa o currículo mínimo e estabelece a duração do Curso de Serviço Social.

_____. *Conselho Federal da Educação*. Resolução n. 412/82, de 15 de agosto de 1982; dispõe sobre o novo currículo mínimo do Curso de Serviço Social.

_____. *Decreto n. 994/62*, de 15 de maio de 1962; regulamenta a Lei n. 3.252/57.

_____. *Decreto n. 35.311*, de 2 de abril de 1954; regulamenta a Lei n. 1.889.

_____. *Decreto n. 87.497*, de 18 de agosto de 1982; regulamenta a Lei n. 6.494/77.

_____. *Decreto n. 2.080*, de 26 de novembro de 1996; dá nova redação ao art. 8º do Decreto n. 87.497, de 18 de agosto de 1982, que regulamenta a Lei n. 6.494, de 7 de dezembro de 1977.

_____. *Lei n. 8.859*, de 23 de março de 1.994; modifica dispositivos da Lei n. 6.494, de 7 de dezembro de 1977, estendendo aos alunos de ensino especial o direito à participação em atividades de estágio.

_____. *Lei n. 1.889*, de 13 de junho de 1953; dispõe sobre os objetivos do ensino de Serviço Social, sua estruturação, as prerrogativas dos portadores de diploma de assistentes e agentes sociais.

_____. *Lei n. 3.252/57*, de 27 de agosto de 1957; dispõe sobre o exercício da profissão de assistente social.

_____. *Lei n. 6.494*, de 7 de dezembro de 1977; dispõe sobre estágios de estudantes de estabelecimento de ensino superior e de ensino profissionalizante do 2º grau e supletivo e dá outras providências.

_____. *Lei n. 8.662/93*, de 7 de junho de 1993; dispõe sobre a profissão de Assistente Social e dá outras providências.

BRASIL. MINISTÉRIO DA EDUCAÇÃO E CULTURA. *Medida Provisória n. 2.164-41*, de 24 de agosto de 2001, DOU 24.08.2001; altera a Consolidação das Leis do Trabalho — CLT, para dispor sobre o trabalho a tempo parcial, a suspensão do contrato de trabalho e o programa de qualificação profissional, modifica as Leis ns. 4.923, de 23 de dezembro de 1965, 5.889, de 8 de junho de 1973, 6.321, de 14 de abril de 1976, 6.494, de 7 de dezembro de 1977, 7.998, de 11 de janeiro de 1990, 8.036, de 11 de maio de 1990, e 9.601, de 21 de janeiro de 1998, e dá outras providências.

_____. *Seminários de Supervisão Pedagógica*. Brasília, MEC, 1981.

CONSELHO FEDERAL DE ASSISTENTES SOCIAIS. *Resolução n. 273/93*, de 13 de março de 1993; promulga o novo Código de Ética Profissional do Assistente Social.

ESCOLA DE SERVIÇO SOCIAL DE SÃO PAULO. *Pasta de Textos sobre Supervisão*. São Paulo, Escola de Serviço Social de São Paulo, s/d.

_____. *Pasta n. 5.2.*: Documentação Coligida Sobre Supervisão. Departamento de Trabalhos Práticos. São Paulo, Escola de Serviço Social de São Paulo, s/d.

_____. *Pasta n. 3*: Textos sobre Supervisão. Departamento de Trabalhos Práticos. São Paulo, Escola de Serviço Social de São Paulo, s/d.

FACULDADE DE SERVIÇO SOCIAL — PUC/SP. *Subsídios para Debate sobre a Universidade e seu Papel na Sociedade*. São Paulo, 08 de novembro de 1976.

_____. *Contribuição ao Estudo e Proposta Curricular*. São Paulo, 1978.

_____. *Acompanhamento da Prática do Aluno através do Trabalho com Supervisores*. Coordenação de Estágio, São Paulo, Faculdade de Serviço Social — PUC/SP, maio de 1981.

_____. *Como a Faculdade de Serviço Social Deve Trabalhar o Estágio de seus Alunos*. Coordenação de Estágio, São Paulo, Faculdade de Serviço Social, 7 de agosto de 1985.

GRÁFICA PAYM
Tel. [11] 4392-3344
paym@graficapaym.com.br